MANUAL DE
LA BUENA VIDA
-BUSCANDO ÉXITO Y FELICIDAD-
Cartas de:
Musse Destenave

# INDICE

# PRÓLOGO

Con el único propósito de ayudar a los demás a alcanzar el éxito y la felicidad a través de pequeños pero relevantes y muy útiles consejos, Musse Destenave ha escrito esta serie de Cartas que te ayudarán a comprender tu propósito en esta Tierra, valorar tu vida y mejorar tu presente y futuro.

*Manual de la buena vida* es una recopilación de las auténticas cartas que ha escrito a sus grandes amigos con la finalidad de recordarles verdades que nunca deben olvidar, verdades que marcarán su existencia. Sin duda es un libro que te confrontará a tomar decisiones correctas y a redirigir el rumbo de tu vida, perseverar en tus metas y no desistir a pesar de las dificultades que se te presenten. A través de sus experiencias, bromas y aprendizajes adquiridos, te llevará a poner tu vida en balanza y analizar qué es lo que estás haciendo bien y qué lo que puedes perfeccionar para cumplir satisfactoriamente tus objetivos.

Recibo cada una de sus palabras aquí plasmadas y lo recomiendo con todo mi corazón.

Kathy Ruiz

## Introducción

Era un joven y apasionado teólogo cuando escribí éste libro. En el 2013 tenía 17 años.

Cuando estudié la preparatoria fui líder espiritual de unas 80 personas de mi edad. Oscar, Omar, Edna y Andrés eran algunos de mis amigos más cercanos de ese grupo. Bromeando nos hacíamos llamar "Los Guapos", aunque cuando llegamos a la universidad cambiamos el nombre a "Firehouse" porque nos juntábamos de una a tres veces por semana en mi casa a estudiar la Biblia.

Algunos de ellos, sobre todo los más jóvenes, me pedían consejos con frecuencia, ya que yo dediqué mi juventud al estudio de los sagrados textos y la predicación del evangelio.

Con todo mi amor, tomé un año escribiendo cartas a mis amigos más cercanos para explicarles las claves Bíblicas para ser exitosos y felices en la efímera Tierra donde vivimos.

El mundo y sus habitantes han intentado por milenios ser felices y exitosos, pero creo que la mayoría han fracasado. ¿Porqué? Yo creo que buscaron con la brújula descompuesta.

Este libro es un conjunto de cartas escritas a gente
joven que claramente explican paso a paso, a la luz de
la Biblia, lo que debemos hacer durante nuestra
existencia para ser felices y exitosos.

Ahora que soy mayor he modificado el libro, dando a luz
a ésta segunda edición. Substituí los modismos y
chistes locales que hacía con mis amigos para que así
más personas entiendan los consejos que mi joven yo,
dio a mis aún más jóvenes amigos.

Apostaría a que vas a asombrarte de lo que yo pensaba
y creía a mis 17 años. Hoy, 7 años más tarde , yo
mismo lloro y me asombro de leer la radiografía de mi
mente del pasado.

Te desafío a terminar el libro y escribir una sincera
opinión. Entre más avanzas se pone mejor.

FELICIDAD
PRIMERA PARTE

## ¿A quién le creo?

Musse, siervo de Jesús, a Oscar, soldado que pelea la batalla de la fe.

Mi estimado Oscar, yo estoy seguro de quien eres, de hecho, te escribo esta carta por esa misma razón, porque yo sé quién eres ; eres alguien sumamente importante , y es importante, que la gente importante como tú , sepa lo que te voy a decir.

No te imaginas a que grado repercute conocer la respuesta a la pregunta que las personas de tu edad se hacen: ¿Quién soy?

Mira Oscar, para alcanzar el éxito, tienes que saber qué es lo que quieres; o bien, ¿es posible correr hacia una meta desconocida? , ¿Es posible golpear a un enemigo que no conoces?

Para saber que quieres es necesario que sepas quien eres, para saber quién eres necesitas una fuente confiable que te dé una respuesta a una pregunta; ya que en la vida encontraras miles de respuestas a esta pregunta. Una de ellas, es lo que tú piensas, o crees. Otra de ellas es lo que tus emociones en un determinado momento te indican, ya que, cuando estás contento, piensas que eres alguien y cuando estás triste, piensas que eres alguien más. Otra respuesta es la que tus padres te digan; ya sea "Eres un campeón" o "Eres un tonto, Oscar". Otra respuesta la puedes encontrar en tus amigos, y así, en cada una de las personas que encuentres en el camino de la vida, te dirán lo que piensan que eres. Por eso, es imperativo que tengas una fuente confiable, aquello que tú sabes que es la verdad, y a esta fuente verídica, hacerle todas las preguntas que quieras. La cuestión es: ¿A quién le pregunto ? ¿Cuál es la fuente de la verdad?

Oscar, tú y yo sabemos que la verdad es lo plasmado, lo que ya está escrito. Oscar la verdad es la Biblia. Si alguien te dice lo contrario aquel es mentiroso, y te aseguro que sigue viviendo engañado porque no ha creído lo que hemos creído, por lo tanto, no ha visto lo sobrenatural que nosotros hemos visto y no ha oído lo que tú y yo hemos oído. Tampoco ha hecho lo que hemos hecho ni ha dejado de hacer lo que tú y yo ya dejamos atrás, por lo tanto, aquel pobre no ha disfrutado lo que tú y yo hemos podido disfrutar, o sea que, aquel que no conoce la fuente la verdad ha sufrido, o va a sufrir si no ahora, pronto. Si no en la vida, despúes de la vida. Por eso debes ayudarlo mostrándole la verdad que ya tuviste oportunidad de conocer. No seas envidioso. Es tu responsabilidad ser la luz del mundo.

Volviendo al tema. Ya que está claro que la verdad es aquello escrito en la Biblia, entonces deducimos que todo aquello que contradiga esta verdad es una mentira, así que no la creas. Recházala totalmente. Ni siquiera la escuches, y si alguien vive diciéndote estas mentiras, deja de escucharlo también.

Si tú crees una mentira de tu identidad; vivirás creyendo que eres algo que en realidad no eres, por lo tanto harás cosas que no son correctas y eso te llevara a alcanzar metas incorrectas que te producirá cosas malas. Sin embargo, si tú abrazas la verdad, y la atas a tu cuello, tú sabrás bien quien eres, sabrás lo que quieres, entonces pelearas por alcanzarlo y tendrás éxito en cualquier cosa que emprendas.

La Biblia dice que eres muchas cosas especificas mi Oscar. Tardaría en mencionarlas todas, pero quiero ser claro en esta parte y te daré una que engloba muchas de las otras cosas.

El libro de romanos capítulo 8 versículos 14 y 15 habla de los hijos de Dios. Tú y yo sabemos que no todos somos hijos de Dios, sin embargo yo sé que tú lo eres. Ser el hijo del rey, significa que eres el príncipe Oscar. Eres el príncipe de un reino eterno que no está en este tiempo, o sea, no es esta tierra. Como hijo del rey de otra tierra, y viviendo como extranjero en esta tierra, tu papel como representante de tu padre es ser un embajador. Debes reflejar cómo es tu padre. Eres príncipe, compórtate como tal

Además, como hijo del rey, eres heredero, no olvides que todo lo que Dios tiene te corresponde a ti. No hay razón para que vivas como un simple trabajador cuando eres el que heredará todo. Tu padre es dueño del oro y la plata. Por ninguna razón pienses que eres un "empleado" de Dios, o que no mereces heredar lo que a un hijo le corresponde. Y quiero dejar esto bien claro. Aunque cometas los peores errores de la humanidad; SEGUIRAS SIENDO HIJO, por lo tanto SEGUIRAS SIENDO HEREDERO. Por eso la escritura en Juan 10:10 dice que Jesús vino, no solo para que tuvieras vida, sino para que te sobrara TODO. Para que la gente vea cómo funcionan las cosas con tu papá, y que por causa tuya, y tomando tu vida como ejemplo, todos puedan ver como tu papá te ama y te consiente.

Oscar, nunca olvides que eres un escogido y que Dios ya tiene planes para ti, muchos de los cuales ya conoces. Persíguelos, y vive esperando alcanzarlos con paciencia. Recuerda que si Dios lo dijo es la verdad, por lo tanto, no hay manera de que no suceda; a menos de que tú no quieras.

Pelea la buena batalla de la fe sabiendo que no es fácil hacer lo que te toca hacer, no es fácil ser un príncipe. No es fácil ser un soldado. ERES UN SOLDADO OSCAR. Los soldados pelean, la vida es una pelea

Oscar, y si tú bajas la guardia, te darán un golpe, y aunque así sucediera, sé que te levantarías, y si no pudieras (que tu solo nunca podrás) gritarías hasta que Dios llegara a levantarte.

Recuerda que tu pelea va a salvarte a ti y a muchos, pero para ganarla debes pensar en aquellos muchos que sufren por no haber conocido esta verdad que tú y yo ya conocemos. Si dejas de pelear, la gente deja de salvarse.

Recuerda que Jesús dijo "en el mundo, tendrán muchos problemas, pero confíen en mí, yo ya vencí al mundo" (Juan 16:33)

Eres un campeón.

## Felicidad

Musse, Hijo de Dios por voluntad suya, heredero del reino y coheredero con Cristo y apasionado siervo suyo; a Oscar, Omar y Samuel. Gracia de Dios les sea dada por medio de conocerlo más a él.

Bien, sabemos que el gozo del Señor es lo que nos da la fortaleza (Nehemías 8:10) por lo tanto, es la felicidad lo que nos hace continuar, lo que nos mantiene parados, en pocas palabras, ¡la felicidad es nuestra fuerza!

Amigos, ¿Alguna vez les ha pasado que han comido bien, han dormido bien , además de todo no han hecho NADA más que echar flojera todo el día, pero se sienten cansados, sin ganas de hacer nada, pero sencillamente no comprenden por qué?. Permítanme decirles que cuando estás triste, se te van las fuerzas; por eso se sienten cansados y desanimados. Sin embargo hay veces que aunque no hayas dormido en un día y solo traigas unos totopos en la panza te sientes fuerte, te sientes con energía, te sientes con ganas de hacer las cosas, con pasión; es más, recuerdo veces que he estado físicamente en las peores condiciones pero lleno de gozo del Señor y hasta me dan ganas de irme al gimnasio.

La cuestión es: ¿Cómo hacerle para vivir siempre felices?

Muchas personas dicen que la felicidad es el hecho de alcanzar las metas propuestas. Eso es totalmente falso. Ya que el hecho de alcanzar una meta te produce satisfacción momentánea, pero al cabo de un ratito, ese sentimiento cambia y puedes sentirte triste otra vez. Por eso hay gente que lo tiene todo, y hacen todo lo que quieren, pero siguen insatisfechos. Así como también hay gente que no tiene nada, pero viven en paz.

Si el gozo del Señor es nuestra fuerza, ¿Cómo puedes tener el gozo del Señor, si no tienes al Señor del gozo? Es como decir que prender un foco te da luz, pero no puedes tener luz sin el foco que te da la luz. ¡Dios es la UNICA FUENTE DE GOZO VERDADERO!, sin embargo hay cosas en el mundo que quieren substituir a Dios, quieren ser otra fuente de gozo, pero es un gozo barato y falso que no dura más que un momento y solamente quieren desviar tu atención del gozo real.

Es como las películas piratas, son más baratas, y por consiguiente más atractivas. Estas películas PRETENDEN darte lo mismo que una original, pero no es así, y lo único que logran es que la gente ya no compre películas originales.

Es como si alguno de ustedes corriera 15 km a las 12:30am, en el mero sol. Al terminar de correr estás sumamente sediento .Vas a tu casa, y encima de la mesa de la cocina vez una *cocacola*. Una lata fría. La pregunta es: ¿Crees que tomarte la cocacola te quitará la sed? Por supuesto que no. Tal vez te refresque un poco, y sientas alivio por unos momentos, pero después de poco tiempo vas a estar aún más sediento, pero además empalagado. Lo UNICO que puede quitarte la sed es el agua. Lo único que puede llenar tu corazón es Jesús.

Así que YA BASTA de substituir a Dios con otras fuentes de felicidad momentánea, y barata, ya que, lo único que provocará es que te sientas vacío y quieras seguir buscando esa fuente falsa de felicidad. Sin embargo Jesús dijo: *"pero el que beba del agua que yo doy nunca más tendrá sed. Porque esa agua es como un manantial del que brota vida eterna."(Juan 4:14)*

Muchas veces buscamos satisfacer nuestra necesidad de felicidad, o bien, cualquier otra necesidad con muchas cosas que no son Dios, tales como el alcohol, las drogas, la aceptación social, las novias, el dinero y un montón de substitutos de Dios. Pero, si hoy tú decides cambiar eso, y darle permiso a Dios de que él sea el que satisfaga tus necesidades; solamente debes pedirle perdón por haber tratado de substituirlo e invitarlo a tu vida, abrirle las puertas de tu corazón, involucrarte con él y que él se involucre contigo y estoy seguro que comenzarás a ser muy feliz, ya que será Jesús el que te llene de felicidad, por lo tanto serás muy, pero muy fuerte.

En conclusión, si no tienes a Jesús, ya de entrada no puedes ser feliz plenamente. Ya que aunque haya cosas que te hagan feliz en momentos; Jesús te hace estar feliz siempre y en todo momento.

***"La bendición de Jehová es la que enriquece, Y no añade tristeza con ella." (Proverbios 10:22)***

PD: Este es el primer punto que quiero tratar acerca de la felicidad, por eso les envío esta carta, pero también quiero que estén expectantes de las próximas cartas porque seguiré enviándoles con el fin de que NUNCA estén tristes y SIEMPRE reflejen el gozo del señor en ustedes. Recuerden DIOS ES LA FUENTE DEL GOZO, POR LO TANTO, TAMBIEN DE LA FUERZA

## Primer Enemigo: El Orgullo

Musse, de Saltillo, de la casa de los Destenaves , soldado que milita en equipo con todos los otros guerreros del mundo. A Roberto, Omar, Samuel, Oscar, Sebastián, Edna, Alejandra, "Los Guapos", y todo aquel soldado que milite a nuestro lado. Deseo que estén en óptimas condiciones como todo compañero de equipo desea que sus colegas se encuentren para ganar el partido. Por eso les escribo esta carta. Estoy seguro que será de bendición para todos y espero que él mismo los bendiga, les hable, los cuide, y les de mucha paz y pasión por él y por la gente.

La vida tiene muchísimas peleas. Cada día se pelean diferentes batallas, con el fin de alcanzar la victoria de la guerra completa, es decir, alcanzar el éxito.

El campo de batalla para esas peleas es <u>la mente</u>. Todas las batallas se ganan o se pierden en la mente. Por ejemplo, la batalla entre ir o no ir al gimnasio, está en la mente, o bien, la batalla entre hacer o no una tarea, está en la mente. El dominio de tu cuerpo, sumado a el dominio de tus emociones te llevará a ganar cada batalla y cada decisión de la vida, con el fin de tomar decisiones que, no solo sean buenas, sino que sean las correctas, es decir, que no solamente te produzcan un placer, sino que te produzcan un bien, ya que hay cosas que producen placer pero te acarrean un mal, como la comida en exceso o el alcohol.

Una de las batallas más importantes para ganar esta guerra es la batalla por la felicidad, ya que si la ganamos nos traerá plenitud y fuerza para continuar. Si pierdes la batalla de felicidad, pierdes gran parte de la guerra, ya que la felicidad te servirá como energizante para continuar y ayudar a otros a continuar. También para hacer las cosas con la excelencia debida.

En todas las batallas hay enemigos que enfrentar. En la batalla de la felicidad también hay enemigos que quieren impedir que la alcances.

Como en todo enfrentamiento, es necesario conocer al rival con el fin de saber cómo derrotarlos y alcanzar ese éxito. Me interesa mucho que ustedes conozcan a estos enemigos con los que yo he tenido que pelear y que, ciertamente, me han derrotado en algunas ocasiones por no haberlos conocido y que en consecuencia me han desanimado.

Estos enemigos son como terroristas que atentan en contra de tu felicidad, pero a través de conocerlos y analizarlos, sabremos como derrotarlos y no permitirles que roben nuestra felicidad. El primer enemigo que conoceremos es "El Orgullo":

Hay un profesor de mi escuela que nos imparte la materia de filosofía, en la cual, hemos aprendido acerca de las ideas de algunos filósofos. Uno de ellos es Aristóteles, quien decía que:

*"La parte mejor del hombre es la razón o como quiera que llamemos a aquella parte de nosotros que por naturaleza parece ser la más excelente y principal, y poseer la intelección de las cosas bellas y divinas; pues la razón es o algo divino o, ciertamente, lo más divino que hay en nosotros. Por tanto, su actividad -según la capacidad que le es propia, será la felicidad completa."*

Como podrán leer en el fragmento anterior, Aristóteles decía que la razón, o conocimiento es la felicidad, entre más conocimiento tienes, eres más feliz. Les quiero hacer una pregunta. ¿Conocen gente que es sumamente inteligente y son infelices? La inteligencia no es fundamental para la felicidad. Es más, hay gente que asegura que entre más sabes, menos feliz eres. Una de ellas es el profesor Víctor Luévanos del Tecnológico de Monterrey; quien es un verdadero genio. Lo mismo pasa con cualquier otra cosa que busquemos con nuestra fuerza humana, y el resultado de ser muy inteligente, o tener mucho dinero, o cualquier otra cosa, es INFLARNOS EL ORGULLO, porque pensaremos "Soy mejor que todos los demás" .

Pensar así nos lleva a creer que somos suficientes y no necesitamos a Dios. Eso es un error.

Lo que quiero comunicarles es que tanto la búsqueda de la razón, como la búsqueda de la felicidad a través de nuestras propias fuerzas, solamente termina en frustración, ya que el resultado obtenido de buscar y buscar el éxito y la felicidad son solamente algunos momentos donde tus emociones están al borde, y se experimentan solo unos momentos de placer, pero no la plenitud.

Otro de los más grandes pensadores de la humanidad, que de hecho, es de la misma época que Aristóteles, es Platón, quien reconocía que Dios es la UNICA manera de alcanzar la felicidad. Y tenía razón. Muchos años más tarde, hubo un hombre llamado Jesús, que dijo "Yo vine para que tengan vida y la tengan en PLENITUD"

¡PARA ESO VINO JESÚS!

Tal vez te preguntaras, ¿Y si ya tengo a Jesús y ya lo acepte como mi salvador, porque no soy feliz aún? La respuesta es muy sencilla.

Con mucho amor te quiero decir que dejes de preocuparte, así que: ¡NO TE PREOCUPES!. La preocupación y la angustia son síntomas de la escases de la fe. Pero si ejercitas tu fe, y confías en Dios, la certeza en tu corazón aplastará tus preocupaciones como a cucarachas.

Tal vez tu pienses, "hay sí, Musse piensa que es muy fácil, no sabe que en la vida existen los problemas" Claro que lo sé, pero ¿Cómo crees que es más fácil enfrentarlos?, ¿Estresado y preocupado, o simplemente teniendo la convicción de que Dios lo hará? si Dios lo ha hecho antes, no hay razón de que no vuelva a hacerlo ¿No crees? Y si no me crees, no me creas a mí, créele a todo lo que Dios YA HIZO. Creo que ustedes ya han experimentado el poder sobrenatural de Dios en sus vidas. Y si no lo has experimentado, ¿Qué esperas para ir a buscarlo? Si supieras lo que mis ojos han visto, lo que mis oídos han escuchado, y lo que mi cuerpo ha sentido, así como Tomás, creerías. Es impresionante, pero hay gente que ni viendo los mayores milagros, creen. Pobres de ellos.

Te prometo que todo lo que Dios te ha prometido lo va a cumplir. No sabemos cuando, pero el milagro no llegará demasiado tarde. Como dice Habacuc 2:3 :

*"Aunque la visión tardará aún por un tiempo, mas se apresura hacia el fin, y no mentirá; aunque tardare, espéralo, porque sin duda vendrá, no tardará."*

Aunque tardare, espéralo, ¡sin duda vendrá!

Dos ingredientes son importantes para recibir los regalos de Dios.

1) Fe: Para creer que Dios puede y quiere ayudarte

2) Paciencia: Para esperar que Dios cumpla sus promesas. Aunque el milagro tarde, sin duda vendrá.

José espero 15 años para ver su sueño convertirse en una realidad. Abraham espero 25 años en ver cumplida la promesa de tener un hijo. Moisés espero 40 años desde que salió de Egipto y camino por el desierto hasta ver la tierra que Dios había prometido. Jesús espero 30 años para cumplir con su propósito. Y mientras todos ellos esperaban Dios siempre estuvo con ellos. ¡Así que no te desesperes! ¡No pierdas la fe! Aunque las cosas que Dios te ha prometido, tarden un poco, sin duda llegará, y no será demasiado tarde.

No seas como Aristóteles o muchas otras personas que se matan (a veces literalmente) por alcanzar la felicidad. Es Dios quien te la dará, no tú mismo., así que relájate, amigo mío, y comienza a dejarle todo a Jesús, que para eso vino.

*"Confía en el Señor con todo tu corazón, y no confíes en tu propia inteligencia." (Proverbios 3:5)*

El orgullo es pensar que tu eres suficiente para resolverlo todo. Orgullo es pensar que eres invencible y que estarás bien, crees que nadie es digno de ti y que nadie puede contigo. Piensas que eres el mejor de todos. Y ese orgullo no solamente te puede hacer caer, sino que puede robar tu felicidad

Eso es el factor que puede hacer que no seas feliz, aun cuando ya aceptaste a Jesús como la persona que te salvo, ya que mientras pienses "Yo puedo" Dios dice, "Hmm, dejémos, que lo intente, a ver a qué horas se dará cuenta de que no puede solo". Y así te la pasaras frustrado todo el tiempo, ya que la biblia dice que Dios "Resiste a los orgullosos pero le da gracia a los humildes"

Imagínate que estás tratando de empujar un  carro, porque se te acabó la gasolina, y Dios te dice: "¿Te ayudo?" – Tu contestas.- "No Dios, yo puedo, ¿O no sabes quién soy yo?, yo puedo hacerlo". Y te quedas empujando, cansado, asoleado, mareado, con hambre y avanzando prácticamente nada; moviendo ese carro centímetro a centímetro por un camino que nunca acaba mientras Dios solo está esperando que te des cuenta que tú solo NUNCA llegaras a ningún lado y que necesitas su ayuda.

Dios no ayudará a un orgulloso. Él no comparte el crédito, y no creo que le guste mucho que después de haber hecho un milagro en la vida de alguien, ese alguien diga "Si, me esforcé mucho, la verdad es que hice muchísimos méritos para merecer esto" y le robe todo el crédito a Dios. La verdad chavos, es que sabemos que si no fuera por Dios, estaríamos perdidos, ¡Se lo debemos a él!

Esto lo dice Pablo en Efesios 2: 8-9

*"Ustedes han sido salvados porque aceptaron el amor de Dios. Ninguno de ustedes se ganó la salvación, sino que Dios se la regaló. [9] La salvación de ustedes **no es el resultado de sus propios esfuerzos**. Por eso nadie puede sentirse orgulloso." (Efesios 2:8-9)*

O sea, nuestra salvación y nuestro éxito y nuestras victorias, vienen de él, no de nosotros. Son un regalo, y no una recompenza

Por otro lado, la gracia es *"el poder de Dios para hacer todo lo que tú no puedes hacer."*

Y cómo dicen las escrituras:

*«Dios se opone a los orgullosos, pero brinda su ayuda a los humildes.» (1 Pedro 5:5 TLA)*

La frase "brinda su ayuda" se refiere a la gracia. Dios solo le ayudará a los HUMILDES.

*"Toda buena dádiva y todo don perfecto desciende de lo alto, del Padre de las luces..." (Santiago 1:17 A)*

¡Todo lo que eres y lo que tienes viene de Dios!

Tal vez pienses : "Pero mi lecenciatura yo la estudié". "Yo me esforcé en trabajar duro para pagar mi carro" o "Yo entreno arduamente todos los días para tener éste talento tan especial". Pero ¿Que crees? Dios es quien puso los medios para que fueras a la universidad. Dios te dio un trabajo y salud para que tuvieras el dinero para pagar tu carro, y fue él quien te dio el talento , acomodo tu tiempo y intervino en tus circunstancias para que puedas entrenar para ser mejor.

¡Dependemos completamente de Dios! ¡Sería un error muy grave pensar que somos lo que somos, hacemos lo que hacemos, o tenemos lo que tenemos porque nos lo ganamos con nuestra inteligencia, nuestra fuerza o nuestra habilidad!

Jesucristo dijo en Juan 15: 5 B

"...Separados de mi nada pueden hacer"

¡No podemos hacer nada sin Dios! ¡No podemos hacer nada por nosotros mismos!

A continuación una píldora para destruir tus pensamientos de orgullo:

"Sin Dios no tendrías la salud para levantarte de la cama para hacer lo que haces"

¡Así de simple se va el orgullo por el inodoro!

En cambio, hay que ser humildes.

Ojo, ser humilde no significa ser pobre, sino que humildad significa *"Reconocer mi posición, sabiendo que tenemos autoridades que hay que obedecer, que otros son más talentosos en algunas áreas, que tenemos errores y defectos y sobre todo, que seriamos un FRACASO sin Dios"*

Si tú tienes esa actitud de reconocer a las autoridades y, sobre todo, reconocer a Dios, entonces Dios siempre te ayudara, él siempre será quien empuje el carro por ti.

Él será quien impulse tu vida con rumbo a tu éxito. Él será quien pelee tus batallas, y Él será quien te proteja de todas las amenazas. Solo imagina; con Dios de tu lado, ¿Qué puede salir mal?

Hay una secuencia que me encanta y sé que a Dios también; hay les va: Primero, eres humilde, después, por esa actitud de reverencia a Dios, él te da su gracia (ayuda para hacer las cosas). Como tienes la ayuda de Dios, todo te sale bien, y cuando te va mal, sabes que todo suma para bien a los que aman a Dios. Éste pensamiento humilde y dependiente en Dios hace nacer en ti una buena actitud para hacer las cosas.

Y aquí viene mi parte favorita: Como tienes una actitud buena y humilde, y te comportas diferente la gente te pregunta: "Oye, ¿Por qué siempre estas feliz? O ¿Por qué siempre tienes buena actitud? O incluso me ha tocado que la gente que ya sabe que los que creemos en Dios nos va bien, o tenemos buena actitud cuando nos va mal y preguntan: "Oye, ¿Eres cristiano verdad? ¡Wow!, me encanta cuando eso pasa; y cuando ellos digan estas cosas y te pregunten "¿Porque siempre tienes esa buena actitud?" Y aquí es donde tú puedes aprovechar, testificar y decir: ¡Porque Dios está conmigo en la buenas y en las malas!

Creo que eso nos hace bastante felices, pero en contraste, si eres orgulloso y creído, no tendrás esa ayuda de Dios, y por eso no debemos permitir que este terrorista de la felicidad atente nuestra contra. ¡Elimina el orgullo!

Así que, para ser feliz, relájate, reconoce que no puedes hacer las cosas, y cree que Dios las hará…Es la formula.

Pero mientras sigas haciendo las cosas como tú puedes y quieres en vez de dejarle todo a Dios, seguirás batallando con las imposibilidades de la vida, y no creo que batallar toda la vida te haga muy feliz. El orgullo roba tu felicidad, NO LO DEJES. No confíes en tu fuerza o inteligencia, confía en Dios.

## 2do enemigo: Falta de agradecimiento

Musse Destenave a todos los jóvenes pertenecientes al grupo donde se hacen llamar "Los Guapos", Ojalá que sigan persistiendo en el amor y que nunca dejen de tener e incrementar esa hambre por más de Dios que sé que tienen.

Anteriormente les escribí una carta acerca del primer enemigo de la felicidad que es el Orgullo, es decir, creer que yo solo puedo hacer las cosas, ahora hablaremos de un segundo enemigo, el cual va ligado al primero.

2do Enemigo de la felicidad: Falta de agradecimiento.

Estimados amigos, como ya vimos, la felicidad proviene de Dios, de hecho todo lo que tenemos y somos, proviene de Dios, por lo tanto ¡Démosle gracias!. El agradecimiento es el palo para pegarle a la piñata de la vida,  ya que, el hecho de darle gracias es reconocer que ha sido él quien ha hecho todas las cosas, eso demuestra que tienes un corazón humilde, por lo cual Dios te dará su poder y favor para que te vaya bien y seas feliz. Y recuerda que la bendición de Dios, es la que no añade tristeza con ella.

La gracia es el <u>poder sobrenatural de Dios que nos da para lograr todas las cosas que no podríamos hacer solos</u>. La gracia te ayuda a alcanzar todas tus metas y objetivos, lo cual hace que seas otra vez agradecido por darte esa gracia, y por ese agradecimiento te dará más gracia, y así sucesivamente. Por otro lado, cuando no eres agradecido con Dios, eso demuestra que crees que las cosas han venido por tu propio esfuerzo y méritos, lo cual es una fehaciente muestra de orgullo. Recordemos que Dios resiste a los orgullosos y no les da gracia, es decir que no los ayuda, pero a los humildes, es Dios mismo quien los ayuda y levanta

El ser agradecido va a causar que tengas:

1) Gracia: Dios ayudándote
2) Más bendiciones de Dios
3) Cero frustraciones: ya que sabes y confías que es Dios quien te ha sacado adelante, por lo

tanto, en momentos difíciles lo volverá a hacer. No habrá de que preocuparse

4) Cero frustraciones: Cuando no eres agradecido, existe una necesidad constante que hay que llenar. Por lo tanto, se vive frustrado por alcanzar "x" o "y" cosa que en la mayoría de las ocasiones son vanas. En pocas palabras existe una mentalidad de "quiero", en lugar de una mentalidad de "gracias, que bueno eres" y por lo tanto una constante insatisfacción.

   ¿Alguna vez han estado con algún niño malagradecido? , por lo general son chifladísimos. A pesar de que los papás les dan todo, el hecho de no ser agradecidos, hace que no estén contentos con lo que tienen. ¡O sea no están contentos nunca! Siempre dicen: "mamá quiero, quiero, quiero…" Así somos nosotros cuando no somos agradecidos, nunca estaremos satisfechos, por lo tanto, no estaremos felices, en consecuencia no tendremos fuerza para pelear, por eso no alcanzaremos metas, por causa de eso no esteremos felices  y se repite el ciclo.

El hecho de no ser agradecidos es tan peligroso que puede causar la independencia de Dios, lo cual, nos metería en muchos problemas

Quiero darles un arma muy poderosa para ganar esta batalla, se llama "PASADO".

Hermanos, ustedes conocen mi pasado, y  yo conozco el de algunos de ustedes, y sabemos que antes de Jesús nuestra vida era un fiasco. Honestamente, lo que Dios hiso con nuestras vidas, nada ni nadie lo habría hecho. Dios nos liberó de muchas cosas a las que antes vivíamos encadenados, como tristeza, pecados, vicios, baja autoestima, drogas, etcétera. ¡Seamos agradecidos!

No solamente lo que Dios ha hecho en nosotros, sino lo que él ha hecho POR nosotros. Todos los lujos que nos ha permitido disfrutar, y no me quiero ir a extremos, piensen en los estudios que Dios nos ha permitido tener, la familia en que Dios nos colocó , la cama en la que dormimos y, que barbaridad, ¡LA COMIDA QUE COMEMOS!. Yo no sé porque, pero personalmente no puedo dejar de darle gracias a Dios por la comida, como que eso en específico a mí me conmueve bastante, cuando veo el plato de comida en la mesa me quedo sin palabras para expresarme, por eso me ven comer muy calladito.

Hay que reconocer que lo que tenemos y somos viene de Él, si no fuera así, la verdad, estaríamos perdidos.

Peleemos la batalla de la mente en contra del mal agradecimiento  y pongamos más atención a lo que Dios ha hecho en nosotros y lo que ha hecho por nosotros y dejemos de estarnos quejando por lo que no tenemos, lo cual, son cosas minúsculas. ¡Seamos felices!

## 3er Enemigo: La comparación

"Guapos" que curioso nombre para un grupo de jóvenes apasionados por Dios. ¿Será porque la gracia de Dios nos hace vernos mejor? ¿O será porque somos tierra deseable (como dice la biblia)? Quien sabe, pero bueno, ya saben quién escribe, soy yo otra vez y quiero retomar el tema. Veamos al tercer enemigo: La comparación

La comparación parece ser un tema muy sencillo, pero puede intoxicarnos como veneno.

La comparación es como un mosquito, que te pica en la rodilla, después en un brazo, después en la pierna, y tú piensas: "¡Pues dónde está el condenado mosquito caray!"  Y todo el tiempo te está molestando, e imperceptiblemente te esta pique y pique, y tú te estás rasque y rasque, pero como no te das cuenta que el mosquito anda por ahí, te sigue picando. Si pudieras darte cuenta de que ahí anda el mos quito, con un aplauso lo matarías. Hoy te vas a dar cuenta de que hay un mosquito que te quiere picar (que es la comparación) y tienes que matarlo.

Hace un tiempo, mi maestra (curiosamente de la clase de francés) nos contaba que en el museo de Louvre hay obras extremadamente valiosas, y no todas están muy bonitas, o muy bien hechas; de hecho cualquier buen pintor moderno podría hacer obras con efectos y acabados mejores y más modernos. La maestra nos explicaba que por más que los artistas trataran de igualar el color y la forma de la pintura, aunque se acercasen, nunca podrían tener exactamente el mismo color, en otras palabras, las obras son ÚNICAS, por lo tanto tienen muchísimo valor. Lo que quise decir es que esas obras feas cuestan tantos millones por que nadie las puede copiar, son UNICAS, eso les da su valor. Sucede lo mismo contigo.

Dios te hizo ÚNICO a ti, no eres igual a NADIE en el planeta Tierra, ni siquiera si tuvieras un gemelo. Tienes cualidades que solamente tú las tienes, y NADIE puede igualarlas, pero ¿qué crees? Hay muchas otras personas que tienen otras cualidades que tú no tienes.

La pregunta que hago es: ¿Si todos somos únicos, porque nos estamos comparando todo el tiempo con otros?

Alguien que vive comparándose con otro no puede ser feliz, y va a vivir luchando por alcanzar algo que no le corresponde. Quiero ejemplificar.

La escritura nos habla que somos como los órganos del cuerpo, cada uno tiene diferente función. Imagínate que tú fueras el ojo, y hay otro que es el intestino. El ojo dice: -Que mal, soy un perdedor porque no puedo digerir alimentos como el intestino. Y el ojo se pone triste. El intestino piensa así: -Que mala suerte que no soy bonito como el ojo, me pintare para verme más bonito.

Y aunque te parezca absurdo, eso es lo que hacemos con las personas alrededor. El ojo está triste porque no es intestino, el intestino está triste porque no es como el ojo, entonces todos están tristes.

Tú estás en tu casa, y tu vecino tiene un IPhone X y piensas: "Tengo que tener un IPhone como el del vecino" trabajas todo el año y le echas ganas para tener el IPhone que tu vecino tiene, y cuando lo consigues al fin, estás tan emocionado con tu IPhone X que vas y se lo enseñas a tu vecino. Y él te enseña su nuevo IPod XI que cocina, lava y plancha.

Alguien así siempre vive frustrado, ya que, todo el tiempo quiere lo de los demás, pero eso nunca se consigue, porque somos únicos. Nunca vas a poder ser igual a otro. Luchas por una meta vana y sin sentido. Así no funcionan las cosas.

La comparación te lleva al inconformismo y éste a la infelicidad. Siempre quieres más y más, y si eres el que más tiene de tu escuela, ahora quieres ser de la ciudad, después el mejor del país y así sucesivamente. Nunca llegas a estar a gusto. Y ojo, no quiero decir que debamos ser unos mediocres y nos rasquemos la panza viendo Netflix todo el día, Dios nos exhorta a ser esforzados y valientes. Hay que buscar siempre la excelencia, pero por las razones y los motivos correctos.

Cuando te comparas hay 2 casos de irrealidad (vivir engañado)

1) Cuando piensas que eres menos: Esto es una mentira. No eres menos que alguien, simplemente tienes habilidades diferentes que, complementándose entre los 2, pueden apoyarse y ayudarle al otro a hacer lo que no puede y tu si puedes, y viceversa.

   Quiero decirte que eres tan valioso y tan importante que Jesús murió por ti. Si no valieras, él no lo hubiera hecho, sin embargo lo hizo, sabiendo el valor de tu persona. Cuando él estaba en la cruz, pensaba en ti. Tú fuiste el motivo de su sacrificio, y lo hizo con gusto sabiendo que hacerlo por ti, valía la pena.

   Deja de pensar que eres menos que alguien, <u>es una orden</u>. Ese pensamiento es una mentira que tienes que aplastar YA para que no esté atentando en contra de tu felicidad.

2) Cuando piensas que eres más: Esto también es una mentira, no eres más que nadie. Ese

pensamiento va a causar que empieces a subir y subir y subir tu ego, pero cuando llegue alguien, que se desempeñe mejor en alguna actividad que tú, ¡PUM! Caída libre hasta el piso. Así que no creas la mentira de que eres más que otros. No permitas que te engañen diciéndote esto. No permitas que eso atente en contra de tu felicidad, y no atentes en contra de la de otros haciéndoles pensar que son menos que tú.

TODOS somos diferentes. Compararnos no tiene sentido, el otro ni siquiera sabe que te estás comparando, las cosas funcionarían bien si cooperáramos y nos ayudáramos mutuamente haciendo las cosas que nos salen bien, y permitiéndoles a otros hacer las cosas que les salen bien y a nosotros no, de la misma manera en que los órganos de un cuerpo se apoyan para que el cuerpo siga viviendo. No tienes que ser como tu vecino, ni como el chico guapo del salón, él tiene sus defectos, tú los tuyos. Se tú mismo, se feliz y siempre busca mejorar.

## 4º Enemigo: El estrés

Soy yo otra vez "Guapos", les envió la carta de ésta semana. 4º Enemigo: El estrés

Ese problema se ha agudizado en los últimos tiempos, y la razón es porque no conocemos a este enemigo, así que debemos conocerlo y saber las estrategias para derrotarlo y de esa manera tener una vida feliz.

Primero te estresas por ganar dinero. Luego te estresas por juntarlo, luego te estresas por quién lo va a gastar, luego por qué comprar, después te estresas por cómo cuidar lo que compraste, y si se rompe, se pierde o te lo roban, TE ESTRESAS.

Lo primero que debes saber es que si tu relación personal con Dios no anda bien, estás perdido, nunca vas a poder deshacerte del estrés porque, como lo hemos comentado antes, aunque el estrés se vaya o disminuya su intensidad por unos momentos, seguirá ahí, perpetuamente presente, a menos de que apliques lo que explicaré en este ensayo.

EL PRIMER ERROR que se comete en cuanto al tema del estrés, es pensar que si logras tus metas propuestas, serás feliz como Shrek y Fiona (Y vivieron felices por siempre…). Ejemplo: Los pobres piensan que teniendo dinero, serán felices y no se estresarán más  por cómo conseguirlo. La gente con dinero piensa que su estrés terminaría si su familia fuera estable y tuvieran un cónyuge e hijos perfectos. Las personas con dinero y familias estables, piensan que su estrés terminará cuando sean aceptados socialmente.

¡AGARRA LA ONDA! Te aseguro que hasta una persona que se gane la lotería, tenga una familia fuera de serie y sea el más popular de la ciudad con un cuerpo de revista y un cerebro como el de Einstein va a encontrar algo de que estresarse, si no entiende la fórmula secreta. (Secreta por desgracia, por eso la revelo a continuación)

El estrés es algo tan peligroso. Yo diría que de vida o muerte. Para empezar, cuando estás estresado, tu atención se desenfoca de las cosas importantes, por lo tanto, lo importante sale mal. Ejemplo. Te corta la novia, y como te causa gran estrés y preocupación, repruebas las materias, por andar pensando en eso todo el día. Te peleas con la esposa, y tu trabajo se convierte en un desastre porque tu mente está en otro lugar (Soy un desastre, soy un desastre sin ti). Si piensas en todo lo que Dios ha hecho por ti, y en base a el agradecimiento y amor que le tienes, decides pelear la buena batalla de la fe, misma que peleó Pablo, Pedro, Juan y los primeros creyentes, entonces Dios te ha entregara miles de vidas que ayudar. Pero de pronto algo te estresa y te afana, tu atención se desvía y dejas de cumplir tu meta.

Además, el estrés y el hecho de estar agobiado ¡nos restan años de vida!, nos quita salud, nos deteriora; pero como ya mencionamos antes, la felicidad y el gozo es medicina y da vida. Te rejuvenece. Y eso no lo invento yo, lo demuestra la ciencia. Y como ha estado comprobado en muchos casos. La biblia concuerda con la ciencia en el siguiente pasaje.

*"El corazón alegre es buena medicina, pero el espíritu quebrantado seca los huesos."* (Prov. 17:22)

Y como siempre, ante problemas tan alarmantes y complicados como el estrés, Dios nos presenta soluciones TAN ASOMBROSAMENTE SENCILLAS.

Dios nos dejó dicho por escrito en el libro de Filipenses capítulo 4 la solución completa a este problema. Cito:

*"Por nada estéis afanosos, sino sean conocidas vuestras peticiones delante de Dios en toda oración y ruego, con acción de gracias. Y la paz de Dios, que sobrepasa todo entendimiento, guardará vuestros corazones y vuestros pensamientos en Cristo Jesús."* *(Filipenses 4:6-7)*

Claramente vemos los pasos a seguir:

1. *"Por nada estéis afanosos"* = ¡No te estreses! Calmado, dale suave

2. *"Sino sean conocidas vuestras peticiones delante de Dios en toda oración y ruego":* La

palabra "Sino" denota un contraste entre el estrés y la oración. En vez de estresarte, pídele a Dios. Recuerda que en el libro de Mateo: *"Pedid, y se os dará; buscad, y hallaréis; llamad, y se os abrirá. Porque todo aquel que pide, recibe; y el que busca, halla; y al que llama, se le abrirá. ¿Qué hombre hay de vosotros, que si su hijo le pide pan, le dará una piedra? ¿O si le pide un pescado, le dará una serpiente? Pues si vosotros, siendo malos, sabéis dar buenas dádivas a vuestros hijos, ¿cuánto más vuestro Padre que está en los cielos dará buenas cosas los que le pidan?"* (Mateo 7:7-11).

Así que, ¿Para qué te estresas?, mejor pídele a Dios y espera tu milagro.

3. *"Acción de gracias":* Siempre recuerda dar gracias a Dios por lo que te ha dado, y por lo que le acabas de pedir, porque confiase que pronto te lo dará. Entonces dale gracias de una vez, denotando la seguridad que tienes de que te lo dará.

A esta serie de pasos sólo le hace falta un ingrediente secreto. Es la fe. Si tú le crees a Dios esto, ¿por qué te preocupas?, si te preocupas, quiere decir que estás tratando de averiguar cómo hacerle con tu capacidad humana, y ya quitaste tu confianza de Dios. Pero, si cumples con estos tres pasos, adicionado con una doble cucharada de fe. Tendrás la siguiente consecuencia:

4. *"Y la PAZ de Dios, que sobrepasa todo entendimiento, guardará vuestros corazones y vuestros pensamientos en Cristo Jesús."*

Es tan fácil, pero lo hacemos complicado. Mira lo que dijo Pedro:

*"Humillaos, pues, bajo la poderosa mano de Dios, para que él os exalte cuando fuere tiempo; echando toda vuestra ansiedad sobre él, porque él tiene cuidado de vosotros." (1 Pedro 5:7)*

Eso es como si tuvieras una mochila llena de piedras, y estuvieras agotadísimo de cargarlas. Pero de pronto volteas con Jesús y le dices: "¿Me echas la mano? El obviamente, por amor, dirá que sí, y todos tus problemas (mochila llena de piedras) los depositas en Jesús. El problema es que nunca volteamos a pedir ayuda. Lloramos, pataleamos, nos quejamos, pero nunca pedimos ayuda. De esa forma seguirás estresado cargando las piedras.

¡La solución es tan fácil como pedirle ayuda! Ahora piensa en tus problemas. Piensa en aquello que te estresa. ¿Lo tienes? Deja de leer, cierra los ojos y comienza a orar. Pídele ayuda, y recuerda. ¡TU ESTRÉS EMPIEZA DONDE TU FE SE TERMINA!

# 5º Enemigo: Tu

Musse, llamado a ser maestro y evangelista de Jesucristo por la voluntad de Dios, a la iglesia de Dios que está en Saltillo, a los santificados en Cristo Jesús, llamados a ser santos con todos los que en cualquier lugar invocan el nombre de nuestro Señor Jesucristo: Gracia y paz a vosotros, de Dios nuestro Padre y del Señor Jesucristo.

Escribo esta otra carta con el fin de que tengan una buena vida, una vida placentera, una vida que se disfrute y no sólo se viva (o sobreviva). Escribo esta carta por el amor que les tengo a ustedes como hermanos y por qué sé que esto les servirá a ustedes como individuos, y además será de impacto para toda la sociedad y el mundo que los rodea, ya que, al verlos disfrutar su vida, la gente va a querer de la fuente de su felicidad, la cual es Dios.

Raza, les he hablado de enemigos que atentan contra nuestra felicidad, lo cual, es dañino incluso para nuestro cuerpo. En esta carta quiero platicarles de otro enemigo. TU MISMO.

Hay una canción que me gusta mucho de un grupo americano llamado "Casting Crowns", la canción se llama "My own worst enemy" (Si pueden escúchenla, está padre). Esa canción habla de que nosotros somos nuestro peor enemigo; no el diablo, no la gente, TU ERES TU PEOR ENEMIGO, TU MISMO ATENTAS EN CONTRA DE TU FELICIDAD.

Les contaré algo, nuestro ser está compuesto de 3 partes: El cuerpo, el alma y el espíritu. El cuerpo y el alma forman nuestra carne, y nuestro espíritu es la parte que se conecta con Dios y tiene comunicación con él, es la parte de nosotros que desea cumplir con lo que Dios quiere para nosotros. La carne y el espíritu TODO el tiempo están peleados, así como en las películas que sale un diablito y un angelito a los lados de una persona diciéndole que hacer. De esa manera, hay una batalla eterna y constante dentro de tu ser. CARNE VS ESPÍRITU.

La carne es el mero instinto animal, es un barril sin fondo que busca simplemente satisfacer sus necesidades, es un pozo que, a pesar de que desesperadamente buscas taparlo, nunca lo logras.

Debe existir un estira y afloje con tu carne porque si no le haces caso, te puedes morir, o tener alguna clase de problemas (o sea si no comes, si no vas al baño, o si no duermes, puedes morir), sin embargo, si no la controlas, ella te controlará a ti. ¿Qué prefieres?

Admítelo, cada vez que le haces caso a tu carne, tienes consecuencias. SIEMPRE. Es importante comer, pero cuando vez ese pastel de 3 leches con relleno de frambuesa y cubierta de vainilla, y tu cuerpo te dice ¡QUIERO! , eso es un capricho de tu carne, ¡Tu cuerpo te lo pide! ¿Sabes qué es lo que va a pasar contigo si le haces caso a tu cuerpo en eso? Vas a terminar literalmente así: "O" (PANZÓN). ¿Eso te hace feliz?

Otro ejemplo: Cuando tu cuerpo te pide tener relaciones sexuales. No quiero que esto se mal entienda. ¡Dios creó las relaciones sexuales para nosotros! De hecho así nos formó él, a fin de multiplicarnos, y ES BUENO, PERO todo es bueno EN SU TIEMPO, y el tiempo de las relaciones sexuales son en el matrimonio. Si tú eres amo y señor de ti mismo no tendrás problemas con esto, pero si eres esclavo de tu carne, entonces tendrás consecuencias. Leí en un libro que se llama "La Verdad Desnuda" de Josh McDowell un poco acerca del tema y WOW; me impresione con las consecuencias de no controlarte en esto. Por ejemplo, cada año en los Estados Unidos, "20 000 000" (veinte millones) de personas se contagian con enfermedades de transmisión sexual, y se considera que en el 2008 había 110 000 000 (ciento diez mil millones) de contagiados con enfermedades de transmisión sexual. Además está comprobado que los matrimonios que tuvieron relaciones sexuales antes del matrimonio no son tan felices como los que no lo hicieron. Podría mencionar muchas consecuencias, como también recompensas por haber resistido a eso que el cuerpo te pedía. Un mejor matrimonio por ejemplo.

Piensa un poquito en todas las cosas que tu cuerpo te pide. Fumar, redes sociales, no trabajar, ver series, comer comida chatarra, tener muchas parejas, incluso dormir demasiado o desvelarte viendo tu celular. ¡Piénsalo, es increíble!, ¡Cada vez que le haces caso a esas cosas tienes alguna consecuencia! ¿Crees que eso te hace feliz? No creo; de hecho te hace sentir hasta fracasado de cierto modo.  Es como la Biblia nos dice en el libro de los Proverbios capítulo 25

*"Quien no controla su carácter es como una ciudad sin protección." Proverbios 25:28*

O en otras palabras. Si no te controlas, te va a ir mal como a una ciudad sin murallas. ¿Sabes lo que les pasa a las ciudades sin murallas? Las destruyen, porque están vulnerables. Igual de vulnerable estás tú si no te controlas. Eso te quita la felicidad.

Ahora, piensa en toda la gente exitosa que conoces: Deportistas, empresarios, buenos estudiantes, etc...Usualmente, las personas exitosas se han vuelto maestros del dominio propio. Son jefes de su carne, y su carne no los domina. Vamos a ver que nos dice la palabra de Dios acerca de esto:

*"Los que se preparan para competir en un deporte, dejan de hacer todo lo que pueda perjudicarlos. ¡Y lo hacen para ganarse un premio que no dura mucho! Nosotros, en cambio, lo hacemos para recibir un premio que dura para siempre." 1 Corintios 9:25*

Es decir; los deportistas se abstienen de comer ciertos alimentos y además someten su carne a rigurosos entrenamientos, con tal de alcanzar un premio que no tiene mucho valor, o sea un trofeo se empolva y se queda en un rincón, pero nosotros nos cuidamos y nos abstenemos de muchas cosas que no le gustan a Dios para tener un premio eterno en el cielo. Mucho más importante que los premios del mundo.

Si quieres ser feliz, no permitas que tu carne te gane, pelea, y la mejor manera de pelear es escuchando la palabra de Dios. Cuando termines de leer esto, cierra tus ojos, pídele perdón a Dios por qué has hecho lo que tu carne ha querido, y pídele ayuda para no volverlo a hacer. Se fuerte, pelea esta batalla en contra de ti mismo y sé que la ganaras, por lo tanto serás alguien feliz.

Tú eres el dueño de tu vida. Dios ya te dio dominio propio:

*"Porque no nos ha dado Dios espíritu de cobardía, sino de poder, de amor y de dominio propio." 2 Timoteo 1:7*

## Bibliografía

Prevention, C. F. (13 de Febrero de 2013). *Centers For Disease Controll and Prevention.* Recuperado el 29 de Septiembre de 2013, de Centers For Disease Controll and Prevention: http://www.cdc.gov/std/stats/

## 6º Enemigo: La queja

Musse, siervo de Jesucristo

Muchachos, yo no puedo pelear ésta pelea solo, los necesito, así como Jesús requirió de 12 discípulos, yo requiero de ustedes, ustedes requieren de mí, SOMOS UN EQUIPO, no somos individuos solamente, somos todo un cuerpo, y con el fin de ayudarlos, quiero terminar con ésta serie de cartas con el 6º enemigo, uno que hay que tener muy bien amarrado. La queja:

Cuando fracasas o pierdes en algo, tienes dos opciones por hacer. Puedes levantar la cara, limpiarte la tierra y seguir peleando por tus objetivos, o la segunda opción.

El problema es que casi todo el mundo elige la segunda opción.

La segunda opción es quejarte, hablar mal, refunfuñar, decir maldiciones a otros, e incluso a ti mismo; cosas como "soy un tonto" , "nunca hago nada bien", "soy un lento", "ya no puedo", "estoy perdido" entre otras frases negativas que decimos. NO LAS DIGAS, ¡NO SEAS COMO MI ABUELITA!

Mi abuelita es una mujer de 78 años y está espectacularmente bien, considerando que varias de sus amigas ya pasaron a mejor vida. Mi abuelita tiene dinero, tiene una salud envidiable, tiene amor de sus hijos y nietos, tiene una excelente vida social y disfruta de su hobbie, que es el apoyo a nuevos canta-autores, a eso se dedica. Cuando comparo un poco, y veo la situación pienso: "¡Qué barbaridad, mi abuelita está increíblemente bien!". Pero mi abuelita tiene un problema. Está tan bien, que le ENCANTA ESTAR MAL. Enserio, si no hay nada malo, mi abuelita busca hasta por debajo de los sillones para ver si encuentra algo de qué quejarse.

No sé por qué razón, pero existen muchas personas que pelean incansablemente para estar tristes y tener de que quejarse. Esta actitud es un GRAN enemigo de la felicidad y se llama QUEJA.

Tal vez tú piensas: "Bueno Musse, si me quejo es porque ya hay algo mal, y no veo como eso puede afectar para que yo esté peor, o sea, ¿Qué tiene que ver que me queje en relación a que me vaya mal y no sea feliz?" Tiene todo que ver.

¿Alguna vez te ha pasado que dices: "Que flojera" y de pronto te da una flojera tan aplastante que no puedes levantar de la cama?, ¿o alguna vez que has dicho: "No puedo, No voy a poder" y resulta que no pudiste? , o en el caso contrario, ¿Alguna vez te ha pasado que dices: "Voy a ganar, voy a ganar, voy a ganar, voy a ganar…" y ganas?

Toda acción tiene una reacción, y tus palabras no son la excepción. Cada palabra que hablas tiene una reacción, la cuestión es: ¿Qué clase de palabras estás hablando?

Tal vez piensas: "Ay Musse, eso es un mito". ¿Ah sí?, ¡pues pregúntale al doctor Masaru Emoto!

Masaru Emoto es un doctor que ha dedicado su vida al estudio del agua. En 1994 comenzó a hacer experimentos con moléculas de agua congelada. ¡Los resultados fueron sorprendentes! Al agua le decían palabras y tenían una reacción según la palabra. Las moléculas de agua que les decían cosas positivas, al congelarse formaban copos de nieve hermosos, por el contrario, las moléculas de agua que les decían palabras negativas, formaban figuras feas y deformes. Tiempo después se intentó hacer lo mismo con otras cosas como el arroz y ¿Qué creen? ¡Pasó lo mismo! Parece que el mito de que la compañía *Jumex* le canta a los árboles para que den frutas buenas es real.

Una vez más, el avance de la ciencia va descubriendo que lo que Dios dice es real. Lo que Masaru Emoto descubrió hace 18 años, Dios lo dijo desde hace MILES en la Biblia. Eso es porque Dios así diseño las cosas, por lo tanto ya sabe cómo funcionan; es por eso que en su palabra nos dejó dicho que hablemos positivamente y que frenemos nuestra lengua si quiere decir algo negativo.

*"Cada uno recibe por sus palabras su premio o su castigo. La lengua tiene poder para dar vida y para quitarla; los que no paran de hablar sufren las consecuencias." Proverbios 18:20-21*

Es de vital importancia que aprendas que Dios ha depositado en tu boca el poder necesario para matar o para dar vida. Todo poder con lleva una responsabilidad, así que tienes la responsabilidad de FRENAR TU BOCA cuando tengas ganas de quejarte y decir cosas negativas como "no se puede" o "soy un perdedor" porque, ¿Qué crees? TODO LO QUE DICES TIENE UN PODER.

Les escribo esta carta para que vivan una vida feliz. No puedes ser una persona feliz si siempre estás sacando cosas malas a través de tu boca, incluso cosas malas hacia ti mismo. Aprende esto para que seas alguien feliz, porque, como dijo el apóstol Pedro:

*"El que quiere amar la vida y ver días buenos, Refrene su lengua de mal, y sus labios no hablen engaño." 1 Pedro 3:10*

Cosas que provocan que hables mal:

1) Escuchar malas noticias (que a veces ni siquiera hay necesidad de escuchar)
2) Poner tu atención sólo en las cosas que no tienes, en lugar de ver todo lo bueno que te ha dado Dios y ser agradecido.

Ya BASTA de ser mal agradecidos, ya BASTA de hablar cosas negativas. Recuerda que todo lo que hablas produce algo, porque en tu boca hay un inmenso poder ¡Más inmenso que la fuerza de los árboles y aún de montañas!

*"...**diríais** a este sicómoro: "Desarráigate y plántate en el mar." Y os obedecería." Lucas 17:6.*

Si una de tus palabras puede hacer que alguien tenga éxito o no, que un enfermo se cure, que un problema se termine, que una montaña se mueva, que un árbol se salga de la tierra, etc... ¿Qué crees que pase cuando dices cosas negativas? Suceden.

Si hablas cosas malas, pasan cosas malas. Si pasan cosas malas todo el tiempo, es difícil ser feliz, si no eres feliz no tienes fuerza para pelear la vida diaria, por lo tanto no peleas, y por no pelear pierdes batallas, por lo tanto no eres feliz, y así se va el ciclo.

¿Quieres cambios en tu vida? HAZ COSAS DIFERENTES. Deja de hablar incorrectamente y empieza a hablar con FE las promesas que Dios te ha dado, ya que el JURÓ que te bendeciría. CRÉELE y HABLA.

A partir de hoy, aunque las cosas estén mal, no te quejes, siempre es mejor un "Si se puede" a un "Ya valió". Practica este principio bíblico de hablar. Te propongo un ejercicio, cada día en la mañana, mira el espejo y di: "eres un campeón" o tal vez "Este será un gran día" y comienza a ver los resultados de tus palabras.

Cierro con una frase que el Pr. Cash Luna repite en cada una de sus pláticas, repítela también:

"En mi boca está el poder de la vida y de la muerte, hablaré palabras de vida y no de muerte, de riqueza y no de pobreza, de bendición y no de maldición, porque en mi boca, hay un milagro".

Felicidad

LEYES DEL
EXITO
SEGUNDA PARTE

## Primera y Segunda ley del éxito: Ama y ocúpate de Dios

Musse a Roberto, Sebastián, Jorge, Kathy, Luis Cavazos y el profesor Manuel Fragoso, la raza que amo en la verdad. También a los "Guapos" y a todo aquel que lea estas palabras.

Amados, yo deseo que sean prosperados en todas las cosas, y que tengan salud, así como prospera su alma.

Pues mucho me regocijé cuando gente ha venido conmigo y me han dicho cosas de ustedes, me han dicho de algunos de ustedes lo apasionados que están por Dios y como, poco a poco, han ido aprendiendo de Él y de su palabra. No tengo yo mayor gozo que este, el oír que mis amigos andan en la verdad.

En cartas anteriores he hablado del estrés, y creo que gran parte del estrés viene por buscar el éxito frustradamente. A veces se me hace sorprendente que algunas personas que han "creído" en Jesús estén tan afanadas y preocupadas por alcanzar el éxito. Por ejemplo, pasa mucho, cuando estamos jóvenes, que nos estresamos pensando que haremos con nuestra vida y como poder sobre salir y tener ese tan buscado éxito. Yo hoy hago un gran esfuerzo, escribiendo esta carta a las 2:11am de un sábado (que ya se cuenta cómo domingo) con el fin de que ustedes puedan ser personas exitosas, pero no afanadas ni estresadas, porque, alguien exitoso pero mega estresado, no es alguien exitoso.

Lo primero para el éxito es ser un hijo de Dios, que, aunque no todos lo son, sé que ustedes sí. Este hecho ya te da una gran ventaja sobre los demás. Imagínate, si Dios está contigo, ¿Quién te puede detener? ¿Qué te puede parar?  ¡NADA! Es súper diferente pelear una vida con Dios a pelearla solo, así que ya la llevamos de gane

Funciona algo así: Nosotros como estudiantes no tenemos nada de qué preocuparnos por qué comeremos, o por pagar las colegiaturas, o por pagar la gasolina; ¿sabemos que nuestro papá trabaja para pagarlo verdad? De la misma manera, Dios se encarga de sus hijos. Cuando seamos adultos, tampoco debemos preocuparnos por esas cosas, ya que Dios sigue siendo nuestro papá y el siempre seguirá siendo el que pague las cuentas en el restaurant, ya que, aunque el billete saldrá de tu cartera, es Dios quien lo puso ahí para empezar.

Ahora, tu como hijo de Dios tienes dos nacionalidades, una de las nacionalidades es el país donde naciste la primera vez, por ejemplo México, la otra nacionalidad es del país donde naciste por segunda vez, o sea un país llamado "Reino de los cielos". Los dos países tienen leyes, y hay que cumplir las leyes de los dos países para poder tener éxito; si dejas de cumplir con alguna de las dos leyes, tendrás consecuencias. En el Reino de los Cielos, existe una constitución llamada: "Constitución Política de las Provincias Celestiales Unidas" (eso fue un pequeño chiste), o sea, ¡Las leyes del cielo están escritas en la Biblia! Para tener éxito necesitas conocerlas y en las siguientes cartas hablaremos solo de algunas de ellas para que tengas éxito.

La primera ley de la que quiero platicarles es: Amar a Dios.

Creo que esto es lo medular del éxito, así que te exhorto a que leas detenidamente lo siguiente, ya que puede cambiar el futuro de tu vida y la de los que te rodean.

Veamos que dice la ley en el libro de los Salmos capítulo 111, versículo 10 (hasta parece como cuando dicen: "En  el artículo 3 subsección 5, división  "a" apartado 12 de la constitución dice…")

"El principio de la *sabiduría* es el *temor del SEÑOR*; buen entendimiento tienen todos los que practican sus mandamientos; su alabanza permanece para siempre." (Salmo 111:10)

La Real Academia Española define sabiduría como: Conducta prudente en la vida o en los negocios. En otras palabras, podemos decir que sabiduría es "la capacidad de tomar buenas decisiones".

La palabra dice que el principio de la sabiduría (capacidad de tomar buenas decisiones) es el temor de Dios.

El temor de Dios no es miedo o terror a Dios, sino que la palabra "temor" denota respeto y honra. Yo siempre traduzco esta palabra como amor, ya que es un poco más entendible que "temor" y cuando amas a alguien también lo honras y lo respetas. Lo que se quiere dar a entender es una reverencia y un deseo de agradar a Dios

Musse, ¿qué tiene que ver el amor a Dios con la sabiduría, las buenas decisiones y el éxito?

Dónde esté tu tesoro, ahí estará tu corazón. ¿Cual es el tesoro en tu vida?

Te explicaré, toda decisión conlleva una prioridad. Tomemos por ejemplo, decidir entre una camisa azul y una camisa roja. ¿Qué es lo que más te gusta de una camisa? Si te gusta más que sea azul, entonces elegirás la azul, en cambio, si te gusta más que sea roja, entonces eliges la roja. Con Dios es lo mismo.

Antes necesitan entender esto: Dios es la persona que más te ama en el universo y, ya que te ama tanto, la palabra dice que tiene unos planes padrísimos para tu vida. Obviamente el mejor plan que puedes tener para tu vida, es el plan que Dios tiene ya planeado. Si Dios te dice "No corras en la lluvia" es porque sabe que te vas a enfermar, no te prohíbe las cosas solamente por hostigarte o molestarte. Hay cosas que no le gustan a Dios porque sabe que las consecuencias de eso son malas para ti, y Dios no quiere eso. Esas cosas que a Dios no le gustan son los pecados.

El amar a Dios determina tu éxito por una serie de pasos que suceden cuando tomas una decisión:

1.  Te encuentras en un camino con dos vías, es decir, tienes dos opciones posibles por tomar y necesitas tomar una decisión que NADIE (ni Dios) va a tomar en tu lugar: ¿Qué camino elijo?

2.  Valoras que es lo más importante para ti: Es en este punto del proceso de una decisión en donde el amor por Dios entra en acción. Pongamos un ejemplo: Unos amigos te invitan a

un club de chicas. Tienes dos opciones: Ir y desatar la lujuria o hacer lo que a Dios le gusta, o sea, la santidad. Cuando tu amas a Dios tu pensamiento es:

    a. Ya que amo a Dios, lo quiero agradar.

    b. La lujuria no le agrada a Dios.

    c. En conclusión, decido no ir a ese lugar para agradar a Dios.

3. Y es así con todas las decisiones que tomes. Por lo tanto, si amas a Dios, siempre tomarás la decisión correcta y, como consecuencia, tendrás éxito por tus buenas decisiones.

Así que siempre deberás poner en una balanza. ¿Qué es más importante para mí, Dios o la fiesta, por ejemplo? ¿Ésta decisión va de acuerdo con lo que Dios quiere para mí? ¿A Dios le gustará esto? ¿Qué haría Jesús en mi lugar?

En base a éste filtro, si amas a Dios, todas las decisiones que tomes serán sabias.

Ahora te enseñare una segunda ley de El Cielo. Está escrita en Mateo 6:33

"Mas buscad primeramente el reino de Dios y su justicia, y todas estas cosas os serán añadidas." (Mateo 6:33)

O sea, si tú te encargas de las cosas de Dios, él se encargará de las tuyas.

Amigo, ¿existe más éxito que el que Dios se encargue de todas las cosas que necesitas? y no sólo eso, sino que como vimos en Juan 10:10 Dios te da HASTA QUE TE SOBRE.

Les escribí esta carta para que sean gente exitosa pero sin estrés. No te estreses pensando en que trampas puedes hacer para tener éxito; en lugar de eso, ocúpate de que los planes de Dios tengan éxito, y él se ocupara de hacer que los tuyos lo tengan.

¿De qué sirve matarte, desvelarte y desgastar tu cuerpo y mente tratando frustradamente de obtener un éxito con nuestras fuerzas, si al final de cuentas eso, aunque puede ponernos contentos un rato, no traerá plenitud y te seguirás sintiendo vacío sin Dios? ¿Acaso no es mejor y más fácil invertir tiempo en las cosas de Dios y creer en ésta ley?, o sea, Él es quien te dará el éxito, no tú.

O dime ¿Qué provecho te traerá irte a la fiesta en vez de ir a la iglesia o reunión? ¡NADA!, sin embargo, ir a la iglesia y a una reunión si te da dos cosas MUY importantes:

1) Buena vida en la tierra
2) Buena vida en el cielo

¿Qué más quieres?

El tiempo invertido para Dios, es la mejor inversión que se puede hacer.

Además, piénsalo ¿De qué te sirve ganar al mundo entero, si te pierdes a ti mismo? ¡De verdad! Lo que hagas en la tierra se va a destruir. Cuando naces, vienes sin nada, cuando te mueres, tampoco te puedes llevar nada, entonces ¿Para qué te estresas haciendo mil cosas con tus limitadas fuerzas, en vez de trabajar para tener premios en el cielo? Por cierto, los premios en el cielo duran para siempre.

En conclusión:

1ª Ley para alcanzar el éxito: Ama a Dios, así tomarás buenas decisiones.

2ª Ley para alcanzar el éxito: Si tú te ocupas de las cosas de Dios, Dios se ocupa de las tuyas. Dios debe ser la prioridad.

## 3ª Ley para alcanzar el éxito: ¡Sé un soñador!

Musse, siervo de Jesucristo por la voluntad de Dios, a los hijos y siervos de Dios que está en Saltillo, los que pertenecen al grupo de los "Guapos", con todos los santos que están en todo México:

Gracia y paz a vosotros, de Dios nuestro Padre y del Señor Jesucristo.

Les escribo para ayudarlos a conocer las leyes de la Biblia que nos indican como tener éxito, les escribo la 3ª Ley: ¡Sé un soñador!

Cuando estaba más joven, yo creo que como a los 15 años más o menos, vi una foto de un actor de una película, él personaje se llamaba "Jacob Black". El famoso "Jacob" salía con un abdomen que te prometo que todas las chavas querían lavar la ropa en él. A partir de ese momento yo tome una decisión: "Voy a tener "*cuadritos*" en el abdomen".

En los meses siguientes era raro que me vieran comiéndome una tortilla, o una rebanada de pizza, eso sí, jamás me veían comiéndome una rebanada de pastel o una dona.

Tal vez tú piensas: "Ay Musse, que exagerado. ¿Una rebanadita de pastel que tanto te puede engordar? Para mí no era complicado abstenerme de comer comida chatarra por una razón. Tenía un claro objetivo en mi mente, los cuadritos.

Ese objetivo (deseo, sueño, anhelo, meta o como quieras llamarlo) era absurdo la verdad. No me trajo nada muy productivo más que andar un rato de fortachón y fantoche, pero eso después de un rato se quita, sin embargo, aprendí un principio importante para el éxito, SOÑAR, lo cual, me ha llevado a alcanzar objetivos y metas mucho más importantes que solo unos "*cuadritos*" que duran un rato, incluso, me ha llevado a salvar vidas y eso si vale la pena.

Hoy te quiero dar 2 tips prácticos para el éxito:

1) Aprende a Soñar objetivamente
2) Defiéndete de los mata-sueños con el escudo de la FE

1) Aprende a soñar objetivamente

Tengo una amiga apasionada por el tiro con arco. Todos los arqueros tienen una diana (o sea el circulito con más circulitos para tirarle), y mi amiga me platicó que los arqueros tienen toda una metodología para tirar, pero uno de los factores claves son LA CONCENTRACIÓN EN EL OBJETIVO.

Si un arquero se desconcentra, o desvía su vista del objetivo, dará un mal tiro. De igual manera, si tú no tienes tu objetivo claro, o andas vagando en tu mente pensando en muchas cosas, será muy complicado que lo alcances, por eso es importante tener una visión clara de ¿Qué es LO QUE QUIERO ALCANZAR? Y en base a eso, tomar todas las decisiones necesarias para alcanzarlo. Como en la carta anterior, que dijimos que si tú querías agradar a Dios, entonces tus decisiones serían tomadas en base a ese objetivo, y tomarías decisiones sabias. ENFÓCATE EN LA META.

Yo tenía una imagen mental de Jacob Black cuando iba al gimnasio y eso me impulsaba para continuar.

Te recomiendo que tengas una imagen, una foto, un recordatorio, o algo que te mantenga enfocado en tu objetivo, de manera que eso te sirva de motivación para alcanzarlo. ¡CON LA MENTE EN EL JUEGO!

2) Defiéndete de los mata-sueños con el escudo de la FE

El libro de Efesios capítulo 6, nos habla de cómo pelear una batalla, y habla de que debemos tener una armadura. Hoy te quiero hablar del escudo.

*"Sobre todo, tomad el escudo de la fe, con que podáis apagar todos los dardos de fuego del maligno." Efesios 6:16*

Siempre habrá gente que te dirá que tus sueños son imposibles de alcanzar, que es demasiado difícil, que no tienes la capacidad, que tú eres un perdedor, etcétera, y CUIDADO, porque esa persona puedes ser tú mismo. PERO necesitas defenderte de ellos con el escudo de la FE.

La FE se define como: "Estar seguro de que tendrás o sucederá aquello que se espera pero que aún no se ve" (Hebreos 11:1), sin embargo, no puedes tener FE sin creer en algo, y solo se puede creer en la verdad ¿sí o no? Lo bueno es que la verdad está a la mano en la Biblia. Para conocer la verdad (y por consiguiente creerla) necesitas conocer la Biblia. Ahora te diré tus verdades.

- VERDADES:
  - *"Jesús le dijo: Si puedes creer, al que cree todo le es posible." Marcos 29:23*

    O sea, si lo puedes creer (tener fe en que se hará, y tomarlo como un hecho) entonces así será.

  - *"Todo lo puedo en Cristo que me da las fuerzas" Filipenses 4:13*

    O sea, con Dios todo es posible.

  - *"Pidan, y se les dará; busquen, y hallarán; llamen, y se les abrirá." Mateo 7:7*

    O sea que si le pides a Dios, él te dará.

Así como estas verdades, en la Biblia hay muchísimas. Pero necesitas conocerlas para creerlas, si tú las crees, entonces tendrás FE, y la FE será tu escudo en contra de los mata-sueños, incluso de ti mismo.

Una pelea en contra de un mata-sueños es algo así: Imagina dos gladiadores romanos, con un escudo (que representa la FE) y con una espada (que representa las palabras, verdaderas o falsas) y uno de ellos eres tú. Comienza la batalla, el enemigo te suelta un espadazo (una palabra que te desanime, imaginemos que el ataque fue un "No puedes") pero tú sabes que en Filipenses 4:13 dice que con Dios todo lo puedes, así que pones tu escudo de Fe, por haber creído esta palabra y su espada topa en tu escudo, después, tu sueltas un ataque que dice "¡Yo todo lo puedo con Dios, porque él me da las fuerzas!", lo cual, es un espadazo de tu parte, y él te la cree y ¡PUM! Le revientas el hocico para que deje de hablar mentiras. Si el enemigo suelta otro espadazo, tu vuelves a creer en las promesas de Dios, (pon tu escudo) detén su ataque de mentiras y cállale la boca con una verdad, dile: "¡SI PUEDO Y TE CALLAS!"

No permitas que nadie venga a robarte tus sueños y aspiraciones. Si Dios dijo que podías, ¿quién fregados puede decirte que no? ¡¿Quién?! Con la FE eres invencible. Créele a Dios, que dice que podrás y comienza a correr a alcanzar tus sueños.

Nosotros como hijos de Dios tenemos una visión. Nuestro objetivo es: *"Ir y hacer discípulos a todos los mexicanos y al mundo entero, enseñándoles la palabra de Dios, amándolos y poniendo la vida por ellos"*.

Chavos, yo confío en ustedes, de verdad, ¿cómo se los explico? Cada vez que veo a uno de ustedes, yo veo a un pastor internacional, a un profeta de Dios, a un valiente apóstol. ¡Cuando los veo, veo soldados amigos! Y sé que pelean, y sé que no es fácil, pero también sé que ustedes ya ganaron. ¡Ustedes ya tienen la victoria en sus manos!, Cristo les ha dado la victoria, el ya venció en la cruz, y como es de tu equipo, ¡Entonces tú ya venciste también!

Somos un equipo, cuando ustedes caen, yo los levanto, si yo caigo, ustedes me levantan. No existe nada que pueda detenernos. Como dijo Pablo en Romanos 8:37-39:

*"En medio de todos nuestros problemas, estamos seguros de que Jesucristo, quien nos amó, nos dará la victoria total. 38 Yo estoy seguro de que nada podrá separarnos del amor de Dios: ni la vida ni la muerte, ni los ángeles ni los espíritus, ni lo presente ni lo futuro,39 ni los poderes del cielo ni los del infierno, ni nada de lo creado por Dios. ¡Nada, absolutamente nada, podrá separarnos del amor que Dios nos ha mostrado por medio de nuestro Señor Jesucristo!"*

¡Vamos amados! Hoy te exhorto, a vivir como Jesús, el Señor que servimos, vivió; ¡Él vivió por la gente! ¡Hagamos lo mismo, vivamos por la gente! ¿Qué caso tiene vivir para nosotros mismos? ¿Qué caso tiene vivir para llenar un pozo sin fondo de necesidades de la carne que nunca está satisfecha? ¿De qué sirve tu vida si no sirves a la gente? ¿Cuál será tu trascendencia? ¿O qué no estás agradecido con Dios? Recuerda de dónde saliste, de dónde Dios te sacó, lo que eras, quien eras, IMAGINATE TU FUTURO SIN DIOS, ¿qué sería de ti? Pues te tengo una noticia, hay millones que siguen caminando con los ojos cerrados hacia un barranco, a punto de tener una caída fatal. ¡Muy pocos pueden ver, pocos tienen los ojos destapados, y uno de esos privilegiados eres tú! ¡No seas envidioso y comparte la salvación! Sólo porque Dios ya te quitó la venda no significa que puedas voltear y vivir muy a gusto sabiendo que a todo mundo y la creación misma con dolores como de parto. Recuerda lo que nos dejó escrito Jesús: *"Ayuden a la gente, lo que gratis recibieron, denlo gratis" (Mateo 10:8)*. ¿O estás demasiado preocupado por ti mismo? Pues déjame te digo que el hecho de buscar que estés bien, te va a llevar a que estés mal.

Mira lo que dice en Mateo 10:37-39

*"El que ama a padre o madre más que a mí, no es digno de mí; el que ama a hijo o hija más que a mí, no es digno de mí;*

*[38] y el que no toma su cruz y sigue en pos de mí, no es digno de mí.*

*[39]El que halla su vida, la perderá; y el que pierde su vida por causa de mí, la hallará."*

Hay tanta gente que te necesita. ¡La creación misma gime de dolor! Como si estuviera dando a luz, esperando a recibir ayuda, esperando a recibir TU ayuda. Dios lo hizo por ti. Hazlo por alguien más.

Ese es nuestro sueño. Ayudar masivamente a la gente, salvar vidas, transformar a los deformados por la vida, liberar a los presos de su pecado, sanar a los enfermos, y todas esas cosas que hizo Jesús. El mismo dijo:

*"De cierto, de cierto os digo: El que en mí cree, las obras que yo hago, él las hará también; y aún mayores hará, porque yo voy al Padre." (Juan 14:12)*

Yo creo que las harán chavos, y esa es una gran motivación mía para pelear. Yo creo en ti, ¡DIOS CREE EN TI!, es hora de que también creas en ti, que creas que aunque tú eres débil, Dios te da las fuerzas, ¡que nada es imposible para ti porque lo crees! ¡Sé un héroe! Salva al mundo.

## 4ª Ley: Morir para Vivir

Musse, oficial al mando del pelotón de las fuerzas armadas juveniles, quienes no pelean contra carne ni sangre, sino que pelean en contra del reino de las tinieblas, un reino que no se ve. Bajo las órdenes del capitán Alejandro Orta, ambos somos siervos de Jesucristo por la voluntad de Dios (quien es el general del ejército), a todos los santamente violentos y fieles hermanos en Cristo que están en Saltillo y que pelean esta batalla junto a nosotros: Gracia y paz sean a vosotros, de Dios nuestro Padre y del Señor Jesucristo.

Colegas, me encanta hablarles como a soldados, porque Dios nos ha enlistado en sus filas. Les escribo estas cartas para ayudarlos en su pelea y para que salgan victoriosos de ella, o sea, con éxito.

Es curioso que todas (o casi todas) las leyes del éxito se relacionen entre sí. En la carta anterior hablamos de soñar, y que no puedes alcanzar el éxito sin un objetivo fijo hacia el cual debes dirigirte. Hoy estás en un punto del camino para alcanzar ese sueño, pero aún te falta aún mucho camino por recorrer.

Desde el punto en donde estás, hasta el objetivo que buscas (cualquiera que sea tu objetivo), necesitarás 3 ingredientes esenciales para resistir hasta el final y alcanzar tus sueños. SACRIFICIO, ESFUERZO y VALENTÍA.

4ª Ley del éxito: Debes morir para vivir.

Soldados, no me sorprendería que un civil haga una cara de "What?" cuando lea el título de esta ley, ya que aparentemente suena irónico y poco lógico decir que "hay que morir para vivir", pero ustedes, como soldados de Cristo que son (no civiles), ya deben saberlo, sólo se los recuerdo y lo recalco, ya que este punto es básico para el desarrollo de nuestra vida.

Les recomiendo que lean el capítulo 2 del libro de 2ª de Timoteo, pero mientras leamos sólo los versículos 3 y 4.

*"Tú, como buen soldado de Jesucristo, debes estar dispuesto a sufrir por él. Los soldados que tratan de agradar a sus jefes no se interesan por ninguna otra cosa que no sea el ejército." (2 Tim 2:3-4)*

Tener la capacidad de soportar algo que no nos gusta (o sea, ese sufrimiento que Pablo nos habla en el versículo anterior) es esencial para alcanzar cualquier meta. En nuestro caso, la meta es hacer discípulos para Dios y, créanme, no es cosa sencilla.

Si alguno de ustedes ha tratado de hacer discípulos para Dios se dará cuenta que no es nada fácil, y sólo se logra si das tu vida por Dios y por la gente. ¡Eso es un sacrificio a nivel militar y se hace por amor!

Lo amamos a Él porque Él no amó primero.

Regresamos a la 1ª ley. Amor=Sacrificio, no hay alternativa. Pablo habla de esto en Efesios 5:1-2 diciendo:

*"Ustedes son hijos de Dios, y él los ama. Por eso deben tratar de ser como él es. ² Deben amar a los demás, así como Cristo nos amó y murió por nosotros. Para Dios, la muerte de Cristo es como el delicado aroma de una ofrenda."*

O sea, den su vida por la gente, así como Jesús por amor dio la vida por ustedes.

Yo pienso que los soldados de Dios somos como Hannah Montana; tenemos dos carreras. Actualmente estoy por terminar la preparatoria, pero también tengo mi vida como soldado, y yo siempre he sabido que para vivir una vida así debo esforzarme más que los demás, hacer cosas que otros no hacen, y dejar de disfrutar de cosas que otros disfrutan, y ojo, no me refiero a pecados ni nada de eso, me refiero a cosas padres, cosas buenas, como fiestas , amigos, o deporte, pero que como soldado, con el fin de agradar a aquél que me escogió para serlo (2 Tim 2), dejo de hacer o disfrutar. Todo por alcanzar el objetivo. Los discípulos.

Por ejemplo. Qué pasa si un soldado está de viaje en Cancún con su familia y de pronto recibe una llamada: "Soldado, estamos en guerra, se le solicita para pelear". ¿Tú qué crees que haga el soldado? ¿Adiós playita no es así? ¿Es malo ir a la playa? ¿Es pecado? De ninguna manera, de hecho es muy bueno y es deseable, pero hay prioridades y debemos ser responsables y comprometernos con la tarea que el Mesías, nuestro comandante, nos ha encomendado.

Hay muchas cosas padres que puedes hacer o dejar de hacer, pero muchas veces recibirás una llamada de Dios diciéndote "Campeón, tengo una misión para ti", o si quieres no pongamos tan dramático el ejemplo; recibes una llamada de un amigo tuyo diciéndote que se peleó con sus papás y que está muy triste, pero tú estás en una carne asada con unos amigos. Tu amigo te pide que si puede hablar contigo porque sabe que tienes la solución, sabe que tienes a Dios. Te pregunto. ¿Dejarías esa cómoda reunión y una suculenta carne asada para ayudar a ese amigo que tal vez no quieres mucho que digamos? Muchos no lo harían, pero un discípulo de Jesús sí. Esa es la diferencia entre un seguidor o creyente y un discípulo. Un discípulo tiene DISCIPLINA, y sin importar la situación, cuando sabe que el deber lo llama, él debe atender al llamado que hace el General, nuestro Señor Jesús.

Tal vez debas esforzarte más en la escuela para alcanzar a orar por las tardes. O tal vez, como en el caso de Andrés Tamez, sea necesario que dejes el deporte o actividad con tal de seguir a Jesús y conocerlo más, y por consiguiente, ayudar más a la gente. No quiero decir que siempre se sufre, pero habrá momentos en los que debes sacrificarte y abstenerte de cosas que te gustan con tal de agradar a aquél que te tomó por soldado, pero amado ¡Vale la pena! Jesús dio su vida por nosotros, seamos agradecidos y dediquemos la nuestra por la misma causa que Jesús murió, por la gente que tanto ama.

Además ¿Sabemos que Dios es justo no? ¿Tú crees que Dios te pida hacer algo sin recompensártelo? ¡De ninguna manera! ¡Dios te recompensará!

*"Y todo el que haya dejado casas, o hermanos, o hermanas, o padre, o madre, o hijos o tierras por mi nombre, recibirá cien veces más, y heredará la vida eterna".* (Mateo 19:29)

¿Qué te parece? ¡Si dejas algo por Dios, él te regresará 100 veces más y además heredaras el reino de los cielos! ¿Apoco no es un buen trato? ¿Hasta podría ser otra ley no?

Ahí les va otra recompensa para los soldados que por amor sacrifican su tiempo y esfuerzo:

*"Esto es verdad: Si morimos por Cristo, también viviremos con él. 12 Si soportamos los sufrimientos, compartiremos su reinado. Si decimos que no lo conocemos, también él dirá que no nos conoce. 13 Y aunque no seamos fieles, Cristo permanece fiel; porque él jamás rompe su promesa".* (2 Timoteo 2:11-13)

Y si no vives para servir, ¿de qué sirve tu vida? ¡Deja marca en este lugar! ¡Nuestro sacrificio dejará un legado a otras generaciones! ¡Salvaremos gente que a su vez salvará más gente! Vale la pena vivir, amar y morir como Jesús. Pelea como soldado. Muere como Jesús, y vive con Él en la eternidad.

# 5ª Ley: Esfuérzate

Musse, siervo de Jesucristo, llamado a ser profeta, apartado para el evangelio de Dios, a todos los que estáis en el grupo de los "Guapos", amados de Dios, llamados a ser santos: Gracia y paz a vosotros, de Dios nuestro Padre y del Señor Jesucristo.

Bien, es tiempo de un chiste. Una vez, en las filipinas, se dio aviso de que un tsunami se aproximaba, y se dio tiempo para evacuar las playas y bahías. En una playa vivía un señor de esos súper religiosos, que nunca sueltan la biblia, que tienen cara de que algo huele mal y que piensan que son la última coca cola en el desierto y que todos los demás son unos pecadores incircuncisos. De pronto tocan a la puerta del señor religioso y un muchacho le dice – "Será mejor que evacue ahora que hay tiempo", pero Don Religioso le contestó  –"Dios me salvara, no necesito moverme a ningún lado". El tsunami por fin llego e inmediatamente inundó la planta baja de la casa de Don Religioso, y cuando la muchacha que limpia la casa iba a escapar por la ventana, esta le dijo: "Venga, aún podemos salvarnos", sin embargo, el señor se rehusó. Cuando la casa se inundó, Don Religioso subió al techo, y desde ahí un helicóptero le soltó una escalera para que subiera y lo rescataran, pero nuestro amigo respondió "Váyanse hombres de poca fe, esperaré a que mi Dios me salve". El hombre ya perdía la esperanza, sentía que Dios lo había abandonado, ya que su cuerpo yacía en medio de la nada, en el agua, cuando de pronto, aparece una lancha de un equipo de rescate, pero el señor se niega a subir diciendo "Mi Dios me salvará". Finalmente Don Religioso se muere ahogado. Al llegar al cielo, le pregunta a Dios: "Oye señor ¿Qué pasó allá? ¿Por qué  me dejaste morir, literalmente?" – Dios le responde: "¿Cómo que te dejé morir? ¡No viste que te mande a que te avisaran varias veces, y hasta un helicóptero te mandé y una lancha, pero nunca hiciste nada!"

Muchachos, yo sé que ustedes no son como ese señor, ¡Pero hay gente que quiere que Dios les haga todo! En vez de estudiar, Oran, en vez de trabajar, Oran, En vez de buscar oportunidades, Oran. ¡Y para todo oran! Ojo, no quiero decirte que no ores, es más, orar es básico. Casi te puedo decir que si no oras, estás perdido. La oración es fundamental para el éxito, de hecho, el rapero dominicano Redimi2 dice en una de sus canciones;

*"El cielo es una gran piñata de bendiciones que se rompe con tus oraciones"*

Pero ¿Qué crees? La fe con la que oras, sin obras, es decir, sin <u>acciones</u>, es una fe MUERTA, o sea NO SIRVE.:

*"<u>14 Hermanos míos, ¿de qué aprovechará si alguno dice que tiene fe, y no tiene obras? ¿Podrá la fe salvarle?</u>*

*<u>15 Y si un hermano o una hermana están desnudos, y tienen necesidad del mantenimiento de cada día,</u>*

*<u>16 y alguno de vosotros les dice: Id en paz, calentaos y saciaos, pero no les dais las cosas que son necesarias para el cuerpo, ¿de qué aprovecha?</u>*

*<sup>17</sup> Así también la fe, **si no tiene obras, es muerta en sí misma**."*
*(Santiago 2:14-17)*

O sea, tu fe te sirve para que tengas la convicción para hacer algo. **Accionar** por aquello que estás seguro que pasará o que vendrá.

Pero la 5ª Ley del éxito no solo se trata de accionar, se trata de ESFORZARSE. Como les dije antes, ¡Ustedes son soldados! ¡Tienen que esforzarse más que los demás! ¡Ir más allá de lo normal! ¡Dar algo EXTRA de lo que se te está pidiendo! ¿Y por qué? Porque has sido seleccionado como soldado, y todo buen soldado renuncia a sus deseos a fin de agradar a aquel que lo llamó.

Deja de compárate con la gente, es más, ¡QUEDA PROHIBIDO QUE TE COMPARES CON CIVILES!, ¡Usted es un soldado, no un civil! Imagínate a un soldado comparándose con un civil. "Hay, ¿porque el sí puede tomar refresco y yo no?" "¿Por qué el no entrena y yo si tengo que entrenar?" "¿Por qué él puede estar con sus amigos y yo tengo que marchar?"

Hay cosas que todos podrán hacer, pero tú no, de esa manera, usted soldado, por el simple hecho de haber sido elegido y aceptar la invitación, debe esforzarse más que los demás, pero también, usted tendrá las recompensas del reino de los cielos y de Jesús, aquel que lo tomó por soldado.

Recuerdo que un día, mientras leía la biblia, me encontré con un versículo un poco rudo, bueno, a mí me pareció bastante fuerte; de hecho, tuve que leerlo como 4 veces para asegurarme que lo estaba leyendo bien. Viene en Lucas 17:9-10

[9] *¿Acaso da gracias al siervo porque hizo lo que se le había mandado? Pienso que no.*

[10] *Así también vosotros, cuando hayáis hecho todo lo que os ha sido ordenado, decid: Siervos inútiles somos, pues lo que debíamos hacer, hicimos.*

Cuando lo leí pensé: "¿Hicimos lo que nos pidieron, por lo tanto, somos unos inútiles? ¿O sea cómo?" ¡Pero claro! Es inútil aquel que hace solamente lo que se le pide hacer, y no da algo extra, se queda en el límite, se conforma con el deber, y no pasa al querer.

Cuando tú simplemente DEBES hacer algo, haces lo indispensable. La Biblia dice que eso te convierte en un siervo inútil, porque lo haces por deber, por cumplir un requisito, pero que diferencia es cuando tú te apasionas con tu servicio y te nacen ganas de hacer aún más de lo que se te pide. La cuestión es: ¿Sirves a Dios por deber, o por amor, pasión y agradecimiento? Si lo haces por deber, tomate un tiempecito y dile a Dios que te hable. Cuando escuchas la palabra de Dios a través de la biblia, una predicación, o una revelación, eso te inyecta fe, y te inyecta también pasión, con esa fe y esa pasión toma la decisión de hacer más de lo que se te pide, algo extra, para entonces, ser un siervo útil para Dios.

No puedes tener éxito si no te esfuerzas; si no le hachas ganas. No se puede tener éxito tirado en la cama o metido en las redes sociales. Te pongo de ejemplo a Josué.

Josué fue el líder del pueblo de Dios después de que Moisés murió. Vaya que era una tarea dura. Ser el líder de un pueblo de gente quejumbrosa, y además de eso empezar  el liderazgo en medio del desierto, y para colmo, tienes que matar a un pueblo donde hay puros gigantes que te podrían aplastar de un pisotón. ¿Tarea dura no lo crees? Muchas veces nos encontramos así. Sabes que Dios tiene un plan inconmensurable para tu vida; Dios te ha dicho tal vez cosas muy específicas que planea para ti, o tal vez no sabes con exactitud pero sabes que hay algo muy retador que te espera. ¿Cómo lograrlo? Igual que lo hiso Josué. Te recomiendo que leas el libro de Josué, pero aquí te anexo versículos clave:

*"Nadie te podrá hacer frente en todos los días de tu vida; como estuve con Moisés, estaré contigo; no te dejaré, ni te desampararé.*

***Esfuérzate y sé valiente****; porque tú repartirás a este pueblo por heredad la tierra de la cual juré a sus padres que la daría a ellos." (Josué 1:5-6)*

Dios le dice algo como esto: "Mira Josué, yo te voy a convertir en un campeón, de eso yo me encargo, pero solo necesito que pongas dos cosas de tu parte: Esfuérzate y sé valiente"

Mira, mientras tu confíes en Dios, seas valiente, esforzado y no te des por vencido, Dios siempre se encargara de que llegues a ser la persona que él quiere que seas, tener lo que él quiere que tengas, y a hacer lo que Él espera que hagas. Una vez, una persona a la cual respeto mucho me dijo: "Mira Musse, tú has todo lo posible y Dios se encargará de hacer lo imposible". Échale ganas y Dios se encargará de que hagas lo que solo no podrías hacer.

¡Esfuércense soldados! Den siempre algo extra de lo que se les pide, ya que tienen un grado de honor extra que los demás y una misión grande que vale la pena el esfuerzo.

Cierro con un versículo y una frase que me gusta.

*"¿Has visto hombre solícito en su trabajo? Delante de los reyes estará; No estará delante de los de baja condición." ¨ Proverbios 22:29*

## *"El esfuerzo empieza donde tus fuerzas se terminan"*

# 6ª Ley: VALENTIA Y LA BATALLA DE LA FÉ

¿Recuerdas el versículo de Josué 1:6?

***Esfuérzate*** *y sé **valiente**; porque tú repartirás a este pueblo por heredad la tierra de la cual juré a sus padres que la daría a ellos." (Josué 1:5-6)*

Ya se habló de la ley de "Esfuérzate", ahora hablaremos de la parte de "Se Valiente"

¿Para qué se necesita la valentía? Para tener un enfrentamiento, ¿No es así?, si no tendrás ningún enfrentamiento, ¿Para qué quieres la valentía? ¿Quiénes son los que pelean las batallas? Los soldados, ¡Soldados como tú!, ¿Acaso un soldado sin valentía podrá continuar siendo soldado? No lo creo.

¿Contra quién peleamos?  Gran parte de nuestras peleas son contra ideas. Las ideas las clasificaremos en 2: Las verdades y las mentiras.

Existen distintas fuentes de ideas que hay que conocer:

1.  El diablo
2.  El mundo y la cultura
3.  Tú mismo
4.  Dios y su palabra

Las primeras 3 fuentes dicen mentiras, pero la cuarta fuente (Dios y su palabra) siempre dicen la verdad; por lo tanto, cualquier cosa que sea contraria a la palabra de Dios es M.E.N.T.I.R.A. ¡NO LO CREAS! Estas fuentes de ideas atacan a tu mente e intentan establecerse ahí dentro. La pregunta es, ¿Qué ideas estas aceptando como verdadera? ¿Qué ideas estas escuchando? ¿Tal vez la cultura? ¿O tal vez a tu corazón? AMBAS ESTÁN INCORRECTAS (En la mayoría de las veces, o son fuentes no confiables de veracidad) ¿Estas escuchando a Dios? , o ¿Estás aceptando como verdad lo que dice la cultura que es "normal"? ¿O tal vez estés haciendo demasiado caso a lo que el diablo quiere que pienses? Estas fuentes dirán cosas contrarias a la Biblia,(o sea, contrarias a lo que Dios dice) y sembrarán pensamientos incorrectos, o sea

MENTIRAS. Pelea psicológicamente contra esas mentiras.

Después de que dejas entrar una idea a tu mente, pasará un proceso que intentare explicar a continuación: Primero, recibes la información o idea a través de uno o más de tus cinco sentidos, segundo, decides si la aceptas como verdad o la rechazas por ser una mentira. La idea que aceptas produce fe, y cuando crees desarrollas una actitud, un pensamiento que después termina en una acción, si el pensamiento se queda en tu mente, y las acciones se repiten, entonces se convierten en hábitos, y nosotros somos la suma de nuestros hábitos: En conclusión, "Dime a quien escuchas, y te diré quien eres"

La fe es contraria al temor. Si tienes temor, significa que no le estás creyendo a Dios. Recuerda la ley que viene escrita en la Constitución de las Provincias Celestiales Unidas en el libro de Josué, capítulo 1, Versículos 5 y 6.

*"Nadie te podrá hacer frente en todos los días de tu vida; como estuve con Moisés, estaré contigo; no te dejaré, ni te desampararé.*

*Esfuérzate y sé valiente; porque tú repartirás a este pueblo por heredad la tierra de la cual juré a sus padres que la daría a ellos." (Josué 1:5-6)*

En pocas palabras ahí dice: "Mira, yo estoy contigo. ¿Quién podrá hacerte frente si yo estoy contigo? Además Dios nos asegura (Sabiendas que no puede mentir y que tiene que cumplir lo que Dice) que siempre va a estar con nosotros. ¡Prácticamente Dios nos está diciendo que ya ganamos!

A ver, si te llegas a enterar cómo es posible que alguien que sabe que Dios es su guardia tenga miedo, entonces mándenme una carta y explíquenme y tal vez te ganes un premio nobel o algo así. Es imposible. Si hay miedo, entonces no hay fe en  que Dios lo cuide, como dicen en Josué 1

Es como si un niño de kínder te amenazara, y encima de que el niño prácticamente no puede hacer ningún daño, tú le hablaras a Super Man para que te defendiera del niño. ¿Crees que es posible tener miedo si Super Man te está protegiendo? No. Déjame decirte que aquel que te protege es mucho más fuerte que Super Man, el problema es que no creemos lo que nos está diciendo. El problema es que no has escuchado las verdades que Dios te dice, pero si has escuchado las malas noticias  que te roban la fe y la esperanza y por consecuencia, tu fuerza para pelear.

Miren, se las pongo más fácil. Si tú no confías en Dios, no tendrás la valentía suficiente para pelear cuando las cosas se salgan de control. Dios le enseño esto a Gedeón en el libro de Jueces capítulo 7

Les cuento la historia:

Gedeón era el comandante del ejército israelita. Con un ejército de treinta mil hombres, estaban a punto de tener un colosal enfrentamiento contra los madianitas, un antiguo rival. Pero de pronto Dios le dice a Gedeón:

*"Hay demasiados soldados en tu ejército, y van a pensar que la victoria sobre los madianitas será de ellos y no mía. [3] Por eso, reúnelos y diles que cualquiera que tenga miedo regrese a su casa." (Jueces 7:2-3)*

Veinte mil hombres regresaron a sus casas. ¡Dos tercios del ejército prefirieron escuchar su temor y hacerle más caso a los que decían que los madianitas eran unos gigantes que eran invencibles, y que los iban a matar, en vez de escuchar a Dios que les decía "Si yo contigo, ¿Quién contra ti?" Veinte mil personas que no le creyeron a Dios, veinte mil personas con miedo, veinte mil personas sin fe.

Dios dijo: "A ver, todos los que no me crean, ADIOS, ¿Qué no entienden que ustedes no son los que van a pelear sino yo? ¡La pelea es mía, no de ustedes! (Eso te dice Dios hoy referente a tus problemas también).

Quedaron diez mil soldados, pero Dios le dijo al capitán Gedeón:

*"Todavía hay demasiados soldados. Llévalos a tomar agua, para que yo los ponga a prueba. Allí te señalaré quiénes irán contigo, y quiénes no».*

*5 Gedeón los llevó a tomar agua, y Dios le dijo: «Pon a un lado a los que se inclinen para beber, y aparta a todos los que saquen agua con las manos y la beban como los perros».*

*6 Trescientos soldados recogieron agua con las manos y, llevándosela a la boca, la bebieron como hacen los perros. Todos los demás se inclinaron para beber. 7 Dios le dijo entonces a Gedeón: «Con estos trescientos soldados voy a salvarlos y les daré la victoria sobre los madianitas. Todos los demás, pueden irse a su casa."*

Solamente aquellos que le creían a Dios, que sabían que la batalla era de Dios y no de ellos, los que estaban seguros de que su Dios les daría la batalla. Solo ellos fueron los que Dios escogió.

Empezaron 30000, terminaron 300, si, así es la historia, como los 300 de Esparta, pero la diferencia es que los espartanos de Leónidas eran buenos para pelear con sus espadas de metal, y los 300 israelitas de Gedeón eran buenos para pelear con sus espadas de fe.

Solamente el 1% fue suficientemente valiente, suficientemente perseverante, suficientemente leal a Dios como para elegir el camino *fácil.* Si, dije el fácil y es: "Dios se encargará"

Aquel que no confía en Dios se la complica, se estresa, mueve sus influencias, y hace locuras con tal de lograr vencer al rival, tal como lo hacían los espartanos.

La clave para mantener la lealtad, valentía, y perseverancia  la escribió Pablo en Romanos 12:2

*"Y no vivan ya como vive todo el mundo. Al contrario, cambien de manera de ser y de pensar. Así podrán*

*saber qué es lo que Dios quiere, es decir, todo lo que es bueno, agradable y perfecto."*

Tienes que renovar tus pensamientos; cambiar tu manera de pensar, y eso solo se logra escuchando cosas diferentes.

Para tener una fe que tenga la capacidad de soportar toda la adversidad que éste mundo nos presenta, me refiero a esa adversidad de la que Jesús nos habló en Mateo10:16-18:

*"El trabajo que yo los envío a hacer es peligroso. Es como enviar ovejas a un lugar lleno de lobos. Por eso, sean listos y estén atentos como las serpientes, pero sean también humildes, como las palomas.*

*[17] Tengan cuidado, porque los entregarán a las autoridades y los golpearán en las sinagogas. [18] Por ser ustedes mis discípulos, los llevarán ante reyes y gobernadores, y ustedes hablarán de mi parte ante ellos y ante su gente."*

Como ven, no es nada fácil, solamente los valientes, ¡SOLAMENTE EL 1% DEL EJERCITO DE GEDEÓN CONFIÓ SUFICIENTE EN DIOS COMO PARA CONTINUAR Y NO DARSE POR VENCIDO! Muchos son los llamados (30000) pero pocos los escogidos (300).

Te exhorto a luchar por empaparte y llenarte de las verdades de Dios, eso va a tener tu mente en constante renovación y no permitirá que nunca tus pensamientos se amolden a la manera de pensar de la gente de este mundo, recuerden, somos soldados **extranjeros**, nuestra manera de pensar no debe ser como la de los civiles, ni como la de los habitantes de esta tierra en la cual estaremos un poco de tiempo. ¡Renueva tu mente! Escucha la palabra de Dios, estira tu fe para tener la valentía suficiente para afrentar todos los problemas de éste mundo.

Tu mente es como una alberca. Cuando le estás limpiando el agua constantemente, y echándole agua nueva y limpia, entonces el agua estará en las condiciones necesarias para meterse a nadar, pero si te olvidas del agua, y no la limpias ni la cambias, entonces tu alberca se pondrá color rana, verde como *"pinol"*, y nadie va a querer meterse a nadar sintiendo el pegajoso moho en sus pies.

De esa misma manera es necesario que constante mente estés renovando tu mente con nuevos pensamientos ¿Cómo hacer esto? Escuchando la palabra de Dios a través de predicaciones, o leyendo la Biblia, o teniendo un dialogo con Dios. Así tu mente seguirá limpia y no cometerás errores por no haberla renovado.

Otro ejemplo es la comida. Puedes ir a un buffet y comer hasta que no puedas más, pero por más que comas ese día, al día siguiente tendrás que comer otra vez. Imagínate que vas a el buffet con tu familia el domingo, y piensas: "Muy bien, suficiente comida por una semana", y pretendes volver a comer hasta el otro domingo ¿Qué pasa si no comes en 1 semana? ¡Te vas a andar muriendo de hambre! Es necesario que comas constantemente para que estés fuerte y saludable. Lo mismo pasa en la mente, en el área espiritual. Si alimentas tu fe (a través de escuchar la palabra de Dios) solamente los domingos, y pretendes volver a alimentar tu fe hasta el próximo domingo, ¡Tu fe va a estar flaca como anoréxica! Necesitas ejercitar y alimentar tu fe a diario. Limpiarle el agua a tu alberca a diario. Tu cuerpo come por la boca, pero tu fe come por los oídos, por medio de la escucha activa de las buenas noticias de Dios y sus promesas para nosotros, sus hijos consentidos.

Si tu fe está fuerte, entonces seguirás firme peleando la batalla de la fe

Además, Todos tenemos una medida de fe, Dios te dio tu fe para una tarea específica. Si Dios ha puesto un sueño; un reto en tu corazón, es porque sabe que tu fe es suficiente como para alcanzar ese objetivo. ¡Dios sabe que vencerás! ¡Él sabe que puede lograrlo! ¡Dios confía en ti! Y si él sabe que puedes, es por qué puedes. Si él dice que puedes, ¿Quién eres tú para decir que no puedes? ¿Quién eres tú para contradecir a Dios?

Muchachos, somos aún muy jóvenes, estamos en un periodo de la vida en la que estamos en entrenamiento, pero estoy seguro que habrá un punto en el que Dios nos lance al mundo, para pelear valiente y esforzadamente por la misión que nos ha entregado. Confió en que ustedes serán unos verdaderos terroristas para el infierno y que los demonios temblaran cuando sepan que un hijo de Dios (tu) se acerca.

Siempre recuerda que Jesús nos advirtió:

*...En el mundo tendréis aflicción; pero confiad, yo he venido al mundo. (Juan 16:33)*

Muchachos, quiero cerrar acordándome de la película de Hércules. ¡Me encanta ésta película!

Hércules fue un hijo de un dios que estaba destinado a vencer a si tío Hades y evitar que gobernara al mundo. Hades ya sabía desde el principio que Hércules lo iba a destrozar. Hades comenzó a ponerle innumerables trabas para que Hércules no pudiera pelear contra él cuando fuera el día en que el conquistaría la tierra.

Es curioso, porque desde el inicio de la película ya sabíamos el final; ya sabíamos que Hércules iba a derrotar a Hades en la batalla final en contra de los titanes. Y así fue, todo lo que Hades intentó fue inútil.

De la misma manera, yo sé que nosotros vamos a hacer una revolución en este país muchachos, no hay quien nos pueda detener, cualquier intento en nuestra contra será inútil, porque es mayor el que está con nosotros que el que está en el mundo. ¡Nada nos podrá parar! ¡Nos saldrá por los poros si nos tapan la boca!, sin importar lo que nos digan, lo que nos juzguen, o lo que nos hagan, ya sabemos el final de nuestra película. Impactaremos a éste planeta con nuestras vidas y haremos Historia en este planeta. Y todo por amor a nuestro Señor Jesús, de otra manera, de nada nos serviría. Sabemos que al final de la película, pase lo que pase durante ella, El señor Jesús vendrá por todos nosotros, y nos iremos con él al cielo. La cuestión es ¿Estás aprovechando tu tiempo aquí? En el cielo ya no podrás salvar a nadie ¿O será que estás desperdiciando tiempo? ¡Venga!, recuerda que _el reino de Dios avanza a pesar de sus enemigos. Sólo la **gente valiente y decidida** logra formar parte de él. (Mateo 11:12)_

Tú eres parte de esos valientes, eres parte del 1% del ejército, eres de los escogidos, eres la luz y la sal de la tierra. Amigo ¡ERES LA ESPERANZA DE ESTE PLANETA! Sé que lo lograremos.